数字化赋能

企业数字化转型
场景应用

潘奕桦◎著

中国铁道出版社有限公司
CHINA RAILWAY PUBLISHING HOUSE CO., LTD.

图书在版编目(CIP)数据

数字化赋能：企业数字化转型场景应用 / 潘奕桦著.
北京：中国铁道出版社有限公司，2024. 10. --ISBN 978-
7-113-31443-9

Ⅰ. F272.7

中国国家版本馆 CIP 数据核字第 20246CP134 号

书　　名：数字化赋能——企业数字化转型场景应用
　　　　　SHUZIHUA FUNENG：QIYE SHUZIHUA ZHUANXING CHANGJING YINGYONG
作　　者：潘奕桦

责任编辑：马慧君　　　　　　　　　编辑部电话：(010) 51873005
封面设计：宿　萌
责任校对：苗　丹
责任印制：赵星辰

出版发行：中国铁道出版社有限公司（100054，北京市西城区右安门西街 8 号）
网　　址：http://www.tdpress.com
印　　刷：三河市宏盛印务有限公司
版　　次：2024 年 10 月第 1 版　2024 年 10 月第 1 次印刷
开　　本：710 mm×1 000 mm 1/16　印张：12　字数：154 千
书　　号：ISBN 978-7-113-31443-9
定　　价：68.00 元

前　言

随着人工智能、大数据等先进技术的发展,企业迎来新的发展机遇。抓住机遇、积极进行数字化转型的企业更容易在竞争中占据优势,否则,可能会在竞争中败下阵来。可以说,数字化转型成为企业实现持续发展必然的战略选择。

数字化转型是当前时代背景下企业持续发展的迫切需求。从质量变革的角度来看,企业将人工智能、大数据等先进技术与生产制造相结合,可以实现数字化、智能化的生产,提高产品质量,实现高质量发展。

从效率变革的角度来看,提高效率是企业增强竞争力的关键。借助数字化平台,企业可以实现与各种资源的高效连接,以数据为引擎驱动运营各环节,显著提高运营效率。此外,采购、生产等多个环节的数字化转型,可以有效优化资源配置,实现高效生产,提升企业的整体竞争力。总之,数字化转型可以推动企业的技术创新和模式变革,驱动企业打造新的增长点,增强企业的生命力。

当前,很多企业都意识到数字化转型的重要性,希望通过数字化转型提高效率、实现创新。事实上,企业进行数字化转型很难一帆风顺。在转型过程中,企业可能会面临数据碎片化、技术复杂化等问题。而且,即便制定了周详的数字化转型战略,也可能因种种阻碍而难以付诸实践。这些问题都可能使企业的数字化转型陷入困境。

针对众多企业数字化转型的需求，本书以数字化赋能为切入点，详细讲解企业数字化转型的方法论。在进行数字化转型实操之前，企业管理者首先要对数字化转型的概念和趋势，大数据、人工智能等关键技术，如何进行数字化转型战略布局，如何规划数字化转型路线，如何进行数字化转型生态创新等内容有所了解，掌握完善的数字化转型知识。本书上篇就对这些内容进行了详细讲解。

本书下篇聚焦企业数字化转型的实战方法，从商业模式、组织架构、生产流程、营销模式、供应链、采购、财务等方面出发，讲述企业在不同场景下如何有效推进数字化转型。

从整体来看，本书内容全面、指导性强，不仅详细讲解了数字化转型的理论知识，还从多个角度入手提供了切实可行的数字化转型方法，并以诸多案例为企业数字化转型提供参考。通过阅读本书，企业管理者不仅可以对数字化转型有深入的认知，还能掌握实用的转型方法和策略，从而有序、高效地推进企业的数字化转型进程。

著　者

2024 年 5 月

目　　录

下 篇 数字化助力企业转型

上　篇

时代变革:数字化潮流浩荡

第1章

纵览全局：数字化转型是什么

随着数字技术的日新月异，数字经济成为引领经济发展的新引擎。在数字经济时代，企业面临着前所未有的新局面和新机遇，依托数字技术进行数字化转型成为企业发展的必然选择。在进行数字化转型之前，企业需要对数字经济时代、数字化转型有深入的了解，以制定科学合理的转型策略。

1.1 当下是数字经济的时代

当前，以大数据、云计算等前沿技术为驱动力的数字经济实现飞跃式的发展，并逐渐成为推动社会进步的新动力。这一变革不仅重塑了经济格局，更为企业发展注入了新的活力。面对这一时代背景，企业有必要对数字经济时代进行深入剖析，包括其概念内涵、发展趋势、引发的企业变革以及所带来的机遇与挑战等，以期抓住机遇，实现可持续发展。

1.1.1 定义解析：数字经济是什么

从定义上来说，数字经济是什么？《二十国集团数字经济发展与合作倡议》中对数字经济进行了定义："数字经济是指以使用数字化的知识和信息作为关键生产要素、以现代信息网络作为重要载体、以信息通信技术的有效使用作为效率提升和经济结构优化的重要推动力的一系列经济活动。"

中国信息通信研究院发布的《中国数字经济发展白皮书（2020 年）》中对数字经济进行了进一步定义："数字经济是以数字化的知识和信息作为关键生产要素，以数字技术为核心驱动力量，以现代信息网络为重要载体，通过数字技术与实体经济深度融合，不断提高经济社会的数字化、网络化、智能化水平，加速重构经济发展与治理模式的新型经济形态。"

从以上定义不难看出，数字经济已经成为经济增长的关键驱动力，发展数字经济成为社会共识。

数字经济呈现两大特征。

一方面，数据成为推动经济发展的重要生产要素。农业经济时代的生产要素是土地和劳动力，工业经济时代的生产要素是资本和技术，而在数字经济时代，数据是关键的生产要素。土地、劳动力、技术等生产要素都具有稀缺性，而数据打破了生产要素稀缺性的限制。当数据成为生产要素，只要有人类活动，就能产生大量数据。打破稀缺性限制的数据，成为经济持续增长的重要保障。

另一方面，数字基础设施成为重要的基础设施。数据成为生产要素改变了传统基础设施的形态，数字基础设施的重要性与日俱增。当前，无线网络、宽带、云存储等数字基础设施普及度不断提升，人们的数字素养也不断提高。此外，越来越多的机构和企业借助数字技术对传统基础设施进行数字化升级，实现基础设施的数字化转型，以适应和满足数字经济时代的需求。

从广度上看，数字经济早已超越传统互联网的范畴，渗透到教育、医疗、交通等多个领域,展现出强大的生命力和广泛的影响力。

例如,在数字经济的推动下,在线教育实现了进一步发展。网易云课堂、腾讯课堂等在线教育平台的兴起,不仅为用户提供了丰富的教学资源,还打破了教育的时间和地域限制,让知识的获取变得更为便捷和高效。

在医疗领域,数字经济同样展现出巨大的潜力。大数据、人工智能等技术可以应用于疾病诊断、健康监测、远程医疗等方面,为患者和医生提供便利。

在交通领域,共享单车、网约车等都是伴随着数字经济的发展而兴起的新型交通方式,为人们的出行提供了便利,也在一定程度上缓解了城市交通压力。

总之,数字经济的发展将对生产、生活的方方面面产生深远影响,推动社会的全面进步和发展。

1.1.2　延伸发展:数字经济的三大方向

数字经济是一种极具活力的新经济形态,对于推动经济增长和社会发展具有重要意义。从发展脉络来看,数字经济的发展呈现三大方向,如图 1-1 所示。

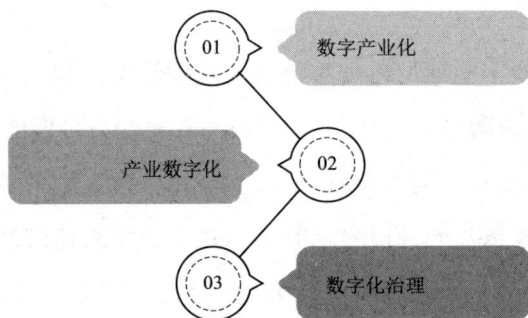

图 1-1　数字经济发展的三大方向

1. 数字产业化

数字产业化是数字经济发展的动力，核心在于借助技术创新、产业升级，实现传统产业向以技术为核心的新兴产业转型。大数据、人工智能、工业互联网等新兴技术，是数字产业化的重点发展方向。未来，随着这些技术的创新升级和应用，相关产业生态将更加完善，能够进一步推动数字经济发展。

此外，新兴技术产业化能够赋能企业数字化转型。当前，在营销智能、金融科技、客户服务等方面，已出现成熟的产品。企业可通过采买相关软件和服务，将数字化能力部署到自身的业务中。

2. 产业数字化

产业数字化是数字经济的重要特征之一，也是数字经济发展的主要方向。产业数字化指的是借助数字技术对传统产业的生产设备、生产要素、市场配置等进行数字化改造。例如，以数字技术迭代生产设备、以数字资源作为新的生产要素、以信息网络助力市场配置等。产业数字化的实现能够提升生产效率和产业竞争力。

3. 数字化治理

数字化治理是数字经济发展的重要保障。在数字经济发展过程中，数据的互通、系统的协同、流程的再造等，有助于建立起全面协同的治理机制。数字化治理包括对数据、数据运用、数字融合空间等多方面进行治理，特点是用数据进行管理、决策以及创新。数字化治理可以保证数字经济的健康、稳定发展。

我国数字化治理的步伐正在逐步加快。为了进一步规范和推动数字化治理的发展，2018 年 3 月，我国颁布了《数据管理能力成熟度评估模型》（data management capability maturity model，DCMM），将其作为数字化治理的统一标准。这一标准的出台，不仅为各行业、各企业提供了评估自身数字化治理水平的度量衡,也为它们提供了明确的指导和实践方向,从而推动了企业数字化治理的深入实施。

总之,在发展过程中,数字经济与各产业的融合不断加深,助推产业数字化发展。同时,在其发展过程中,相应的治理体系也会不断完善,推动数字经济实现长远发展。

1.1.3　新引擎:数字经济下的企业变革

近年来,数字经济呈现出强劲发展的态势。中国信息通信研究院于2023年8月发布的《中国数字经济产业发展报告(2023)》显示,我国数字经济在GDP(gross domestic product,国内生产总值)中的占比已超过四成,意味着数字经济已经成为我国经济发展的新引擎。

对企业来说,数字经济深刻改变了企业的经营模式,使企业能够更好地利用数据资源,提高生产效率,同时开发新的业务模式,拓展市场,提高竞争力。具体来说,数字经济下的企业变革主要体现在以下几个方面:

1. 经营模式的变革

数字经济的发展引发了企业经营模式的变革。传统的连接生产、销售和流通的价值链被基于数字技术、高速流通的价值网络所取代。借助数据和技术,企业可以实现各业务环节间的连接和数据的高效流通,使业务经营更具灵活性,更好地满足用户需求。同时,数字经济推动了共享经济的发展,让企业可以连接更多的资源,提高了企业的创新能力,企业可以获得更多经济效益。

2. 组织架构的变革

数字经济的发展还推动了企业组织架构的变革。基于数字技术,企业组织架构向着扁平化、平台化、智能化的方向变革。这不仅使得信息流通更加顺畅、协同效率得以提高,还使得组织决策更加科学。

特别是对于那些采用轻资产模式的互联网企业来说，这种变革意味着能够将传统的人力资源、资本资源等有形资源有效转化为数据、技术等无形资源，从而实现全面数字化运作。

同时，通过积极搭建开放平台、不断完善生态系统，企业还能够构建一种全新的产品与服务共享的模式，实现更广泛的组织协同。

3. 技术创新的变革

数字经济给企业技术创新带来的变革体现在多个方面。

从技术创新方式上来看，企业技术创新拥有更多可选择的渠道。除了自主研发外，企业可以与高校、研究机构合作研发，也可以基于开放且资源丰富的数字创新平台进行研发。合作研发的形式可以提升企业的技术研发效率。

从市场机遇角度来看，在数字经济场景中，企业可以借助大数据、人工智能等技术快速明确新产品、新技术的市场需求，发现技术创新机会，进而及时推动技术创新，提高企业面向市场的快速创新能力。

从创新成本上来看，数字经济的发展可以降低企业的技术创新成本。例如，人工智能、数字孪生等技术可以对技术研发环节进行模拟，降低研发成本；工业机器人可以被应用于多种标准化作业中，降低企业技术研发过程中的人力成本。

在数字经济浪潮下，企业的变革不局限于某一特定领域，而是体现在方方面面。基于大数据、人工智能等技术，企业可以收集到更多数据，做出更加精准、科学的决策，实现精细化管理。

1.1.4 机遇＋挑战：如何应对数字经济发展中的问题

数字经济会给企业带来怎样的机遇和挑战？企业又该如何应对？下面对这些内容进行详细讲解。

1.数字经济带来的机遇

数字经济的发展为企业的发展提供了强大支撑。

（1）企业可以获取丰富的数据资源。数据是数字经济时代企业进行创新和参与市场竞争的关键要素。基于数字技术，企业可以收集、分析海量数据，获得多样的市场信息、用户信息，为做出科学的决策提供依据。

（2）数字技术是企业实现高质量发展的重要工具。借助数字技术，企业可以实现智能化生产，提高生产质量和效率；实现产品创新和优化，提升竞争力；实现管理过程的数字化，提高管理水平和效果。

（3）数字经济为企业提供了广阔的市场空间。数字经济是一种开放、共享的经济形态。借助数字技术，企业可以打破地域、时间的限制，拓展市场渠道，提高市场份额和收入；与合作伙伴建立更紧密的联系，实现资源在更广范围内的流通与共享；更好地适应市场变化，提高市场响应速度。

2.数字经济带来的挑战

当前，数字经济的发展也面临着一些挑战，主要体现在以下几个方面：

（1）数据要素市场尚未完全成熟。数据是数字经济发展的核心驱动力，但目前，数据要素市场还不完善，存在数据流通不畅、数据安全难以保障、数据价值无法充分发挥等问题。这些都影响了数据资源的有效利用。

（2）数字人才缺乏。数字人才是企业进行数字化转型的关键力量。然而，目前市场上普遍存在数字人才短缺的问题。无论是数据科学家、人工智能工程师等高端人才，还是数据分析师、数据运营师等基础人才，都存在短缺的问题。

（3）数字责任缺失引发社会公众不满。随着数字经济的发展，一些企业出现数字责任缺失的问题，如滥用数据权力、侵犯用户隐私等。这些不负责任的行为不仅损害了用户的权益，还破坏了数字经济可持续发展的环境，引发社会公众的不满和谴责。

3. 企业如何应对数字经济的挑战

面对数字经济带来的诸多挑战，企业应如何应对？可以从以下三个方面着手：

（1）在技术方面，企业应该加强对数字技术的创新，提高自主创新能力。同时，企业需要通过科学的技术方案推广数字技术，提高技术转化率。

（2）在数据方面，企业应加强对数据资源的开发和利用，完善数据采集、分析、挖掘等流程，提高数据资源的价值。同时，企业应遵守相关法律法规，加强对数据资源的保护，尊重用户权益，保证数据资源安全。

（3）在人才方面，企业应加大数字人才引进、培养力度，建立完善的教育培训、薪酬激励等机制，吸引更多优秀人才加入。同时，企业应加强对数字人才的分类管理，根据不同层次的数字人才需求，制订相应的培养计划、评价标准等，为数字人才在企业中的成长和发展提供有力支持。

数字经济为企业带来了新的发展机遇，也对企业提出了新的要求。只有抓住机遇，积极应对挑战，企业才能在数字经济时代实现可持续发展。

1.2　数字化转型是大势所趋

数字经济浪潮下，数字化转型已然成为企业发展的必由之路。众多企业纷纷顺应时代潮流，积极布局数字化转型战略。那么，数字化转型的过程是什么？当前的发展状况和未来趋势如何？下面深入探讨这些内容。

1.2.1　从信息化到智能化

数字化转型源于信息技术在商业中的应用，其发展可以分为信息化、数字化、智能化三个阶段。

阶段一：信息化

信息化开始于 20 世纪 90 年代。在这一阶段，企业内部电子化成为趋势，如进行财务电子化转型、建立企业网站等；企业业务交易也转向电子化，如使用电子邮件、进行网络交易等；传统信息转变为数字格式，可以通过网络传输、存储，提高了企业的管理效率和运营效率。在信息化的推动下，电子商务、电子社区开始出现。

阶段二：数字化

随着互联网的发展和应用，数字化成为趋势。在这一阶段，互联网兴起，并逐渐向传统行业渗透，传统行业与互联网融合成为趋势。

此外，产业运营、企业组织基本实现了数字化。数字技术融入企业管理流程与业务流程，给企业组织形式、业务生态、产业发展、社会分工等带来了冲击，推动了社会资源优化配置和产业融合。

阶段三：智能化

随着人工智能、大数据等数字技术的应用，数字化转型进入智能化发展阶段。在这一阶段，各种先进技术实现融合应用，构建起泛在连接的智能网络；现实社会和网络社会融合，生活、生产和社会治理融合，整个社会向着万物互联的方向发展。

在这一阶段，社会中人的行为、物的运行等都被记录下来，形成海量数据。依据这些数据，机器学习、AI（artificial intelligence，人工智能）算法等能够对事物、事件进行分析，提供精准的预测结果，在某些情况下甚至能够代替人类决策。这种智能化的发展趋势为人类社会带来了新的发展契机和广阔前景。

数据和智能技术的融合应用，给知识生产方式带来了深刻的变革。以往，数据的收集、分析和知识产出都依赖人工完成，而在智能化阶段，智能工具可以完成这些工作，提供知识和解决方案。

在数字化转型的过程中，企业更加注重数据的价值。与以往业务驱动数字化的模式不同，现在越来越多的企业开始采用数据驱动业务的方式，即在构建完善的数字基础设施的基础上，进行系统、全面的数字化转型。这种转变确保了企业内部各部门、各业务之间数据的连通，保证了数据的一致性和完整性，为企业的精准、科学决策提供支持。

数字化转型不仅是社会发展的必然趋势，也是企业实现高质量发展的重要机遇。面对这一趋势，企业应积极把握机遇，积极融入数字化转型的大潮，借助数字技术的力量实现持续创新和发展。

1.2.2 数字化转型发展现状与趋势

近年来，随着技术的发展，数字化转型成为各行各业发展的一大趋势。从传统的经营模式过渡到数字化经营模式，数字化转型成为企业发展的关键要素。那么，数字化转型现状如何？呈现怎样的发展趋势？

1. 数字化转型的发展现状

可以从机遇与挑战两个方面，讲解数字化转型的发展现状：

一方面，数字化转型给企业带来了新的发展机遇。借助数字技术和数字化手段，企业能够更好地发展业务，提供高品质的产品和服务。例如，企业可以将数字技术融入产品研发、生产、仓储、销售等多个环节，降低业务运营成本，提升效率。此外，通过大数据分析和人工智能决策，企业可以及时、准确洞察消费者的需求，进行高效的产品创新。

另一方面，数字化转型也给企业的发展带来了挑战。例如，对于传统企业而言，进行数字化转型是一个很大的挑战，需要投入很多成本，进行深刻的变革。在生产环节，传统企业需要对生产过程进行数字化改造，引入自动化设备、工业机器人等。这不仅需要资金和技术的支持，还需要企业对员工进行培训,引导员工积极参与变革。同时,在数字化转型的过程中,传统企业会面临新的安全挑战,如信息安全、隐私保护等,使传统企业的数字化转型更加困难。

2. 数字化转型呈现的趋势

从发展趋势上来看,数字化转型呈现三大趋势:

(1)数字化转型将更加深入。随着 5G 网络的广泛部署和普及,各行各业将享受到更快速、更稳定的网络连接,这将极大地推动人工智能、云计算等前沿技术的广泛应用和深度融合。这种技术革新将为数字化转型提供更为广阔的舞台,促使企业不断探索和创新,实现更高层次、更广领域的数字化转型。

(2)数字化转型将进一步加剧行业碎片化。随着数字化转型的深入推进,传统的产业链将被打破,各环节将变得更加分散和灵活。例如,数字化共享平台的崛起使得更多人能够依托平台提供服务,传统产业链中的上中下游连接环节将被数字化平台所替代。同时,数字化转型还将推动互联网金融、互联网医疗等新型数字化产业蓬勃发展,进一步推动产业结构优化和升级。

(3)数字化转型将深刻变革劳动力市场。随着数字化转型的深入发展,大量重复性的劳动将被机器和人工智能所取代,对劳动力市场的结构产生深刻影响。这要求人们必须不断提升技能、丰富知识、学习新技术、培养创新能力,以更好地迎接数字化转型带来的挑战和机遇。

总之,数字化转型已经成为各行各业发展的必然趋势。数字化转型的不断深入,将推动各行各业的持续创新与发展。因此,企业和个人都需要紧跟时代步伐,不断更新自己,抓住数字化转型的机遇,实现更好的发展。

1.3　数字化转型，企业该怎么做

数字化转型是企业未来发展中必须解决的重要课题。那么，面对数字化转型，企业应该怎么做？ 企业需要把握数字化转型的时机、关注数字化转型过程中的要点，保证数字化转型顺利实施。

1.3.1　把握时机：什么时候开始转型

在进行数字化转型之前，企业需要明确数字化转型的时机。数字化转型的核心是实现企业整体运营的数字化，使企业能够获得更多收益，提高市场竞争力。因此，判断企业当前是否适合进行数字化转型的核心是评估企业的商业运作模式是否亟待变革。

企业管理者需要深入思考以下三个问题：

（1）数字技术的发展能否为本行业带来新的机遇？

（2）是否存在跨行业的企业借助数字技术颠覆本行业的风险？

（3）数字技术能否给企业带来降本增效的空间？

以上问题，只要有一个问题的答案是肯定的，企业就可以及时采取行动，通过数字化转型抓住机遇、应对挑战。鉴于数字技术日益成熟，行业内竞争对手可能随时通过数字化转型建立竞争优势，因此，企业管理层需要有远见卓识，一旦意识到数字化转型的潜在价值，就应立即着手规划和培养内部转型的核心能力。

数字化转型是一项长期、充满风险、需要巨大投入的活动，为了顺利推进数字化转型，企业在把握转型时机的同时，也不能操之过急，而应循序渐进。从方式上来说，企业需要避免进行颠覆式的数字化转型，要逐步、有序地对不同业务和部门进行数字化改造。数字化转型的成功依赖于企业员工的深入理解和广泛参与,同时,企业也需要时间来妥善处理转型过程中可能出现的各种阻力和挑战。

相对而言,逐步推进数字化转型更有助于确保成功率。企业可以先从某一具体业务或部门入手进行数字化改造,在取得初步成效后,再逐步扩大转型的范围和深度。这样的策略不仅有助于减少转型过程中的不确定性和风险,还能确保企业能够持续、稳定地实现数字化转型的目标。

1.3.2 关注三大要点,推进数字化转型

在推进数字化转型的过程中,尽管不同行业的企业需根据其业务特性和市场定位选择个性化的转型方法,但这些方法之间亦存在共通之处。具体而言,企业在数字化转型过程中必须聚焦三大要点(见图 1-2),以确保转型成功与效益最大化。

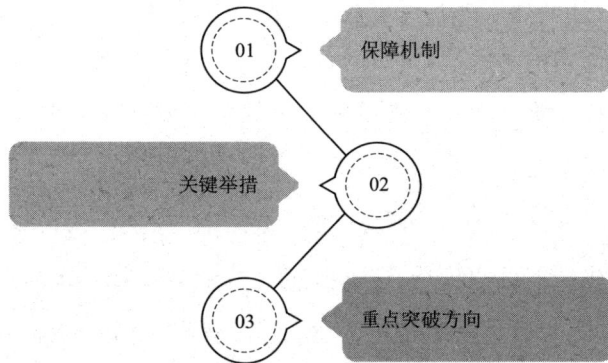

图 1-2　企业数字化转型需要关注的三大要点

1. 保障机制

在保障机制方面,企业需要建立起以下四大保障:

(1)明确数字化转型战略目标。战略目标是企业经营理念的深化和具体化。通过明确数字化转型的战略目标,企业能够绘制数字化转型蓝图,为

后续的转型工作提供明确的方向指引。

(2)规划数字化转型阶段性布局。数字化转型是一项长期工作,在落实过程中,企业需要明确每一阶段的工作重点和里程碑事件。这能够帮助企业明确数字化转型路径,有效规避可能出现的风险。

(3)明确数字化转型牵头人。企业数字化转型是一项系统性工作,涉及多个部门和多项业务,需要高层管理者作为牵头人,统领整体的数字化转型工作。作为转型的掌舵者,企业高层管理者需要从全局出发协调数字化转型工作,保证各项工作顺利推进和转型目标顺利实现。

(4)构建坚实的组织机制保障。在数字化转型过程中,明确的组织机制可以确保企业内部的思想统一、资源的合理配置以及风险的及时防控。

2.关键举措

在数字化转型过程中,企业需要保证两大关键举措得以落实:

(1)建立统一的数字化转型平台,以数据为中心进行业务管理与经营,实现业务、资源的整合与业务流程的简化,提高经营效率。

(2)确保数据在企业内部无阻碍流动,以数据驱动业务发展。企业需要实现数据的全流程、集约化管理,以便洞察自身发展情况与市场发展态势,有针对性地优化发展策略。同时,借助深入的数据分析,企业能够快速地对用户、市场、资源等方面的变化做出反应,实现业务的拓展与创新。

3.重点突破方向

企业数字化转型的重点突破方向有两个:

(1)实现运营全流程数字化。企业要逐步将数字化转型融入其运营的每一个环节,确保从生产到销售,从渠道拓展到用户运营,均实现数字化转型。运营全流程数字化能够驱动企业实现可持续发展。

(2)实现敏捷化发展。在产品研发方面,企业需要深入分析用户和市场数据,把握市场趋势和用户新需求,进而驱动产品或服务的敏捷化迭代。在售后服务方面,企业需要建立完善的数字化服务机制,积极收集用户反馈,建立问题清单,并针对用户提出的问题进行有针对性的改进,以提升用户体验和企业的敏捷化服务水平。

综上所述,为确保数字化转型成功,企业需建立健全的保障机制,积极推进关键举措,并聚焦上述两大重点突破方向发力,最终实现全面数字化转型。

1.3.3 方法论:专人、专术、专标准

企业进行数字化转型,需要掌握科学的方法论。具体而言,企业要掌握"三专"方法论:专人、专术、专标准。这指的是企业在进行数字化转型时,需要专业的人、专业的方法、专业的标准的支持。

1. 专业的人

企业数字化转型的实现需要数据分析师、数字化营销专家等专业人才的支持。其中,数据分析师能够帮助企业开发并维护数据架构、数据逻辑模型等,帮助企业进行科学的数据分析,并提出相应的建议,为企业做出科学的决策提供支持。数字化营销专家能够帮助企业在各种数字渠道成功地实施营销策略,为企业营销业务的数字化转型提供助力。

这些专业人才能够在企业数字化转型过程中提出创新方案,推动企业的数字化转型战略顺利落地。企业可以通过招聘吸引这些人才加入企业,也可以与第三方专业机构合作,寻求专业人士的帮助。

2. 专业的方法

专业的方法是企业数字化转型成功的关键。在这方面,企业需要注意以下几个关键点:

(1)企业需要制定合适的数字化转型战略,以战略为指导开展具体工作。战略规划需要综合考虑组织变革、资源投入、技术支持等多种影响因

素，同时保证数字化转型战略与企业整体战略相匹配。

（2）企业需要建设完善的数字基础设施。企业需要投入资源，搭建大数据、物联网、云计算等技术平台，实现对海量数据的收集、存储、处理等，为数字化转型提供坚实的数据基础。

（3）企业需要瞄准数字化转型战略目标，对传统的业务模式与业务流程进行重构，实现业务流程的自动化和标准化。企业可以将大数据、物联网等先进技术融入业务，实现业务的再造或优化，最大限度实现降本增效。

3. 专业的标准

企业数字化转型也离不开专业的标准的支持。

（1）在推进数字化转型之前，企业需要明确数字化转型的安全性标准，保证数字化转型过程的安全性。企业数字化转型的安全性标准包括两个方面：①数据安全保护。企业需要建立明确的标准，保障数字化转型过程中的数据安全，如对商业机密、用户隐私等核心数据进行加密、限制数据访问、进行数据备份等。②系统安全保护。企业系统中通常包含企业核心业务流程、用户隐私等重要信息，也需要得到严格的安全保护。在这方面，企业可以加强系统访问控制、建立系统备份和恢复机制，以应对可能发生的系统故障、数据丢失等风险。

（2）企业需要明确数字化转型的评估标准，了解数字化转型的成效。企业可以从两个方面评估数字化转型的成效：①评估业务模式。企业应评估其业务模式是否实现了创新与升级，是否开展了数字化新业务以及数字化业务能否快速响应市场需求。②评估数字技术与业务是否融合。企业应评估其数字技术与业务是否实现了深度融合，是否能够通过数字技术实现创新应用，进而形成新产品或新服务。

1.3.4 海尔智家：数字化转型成功的典型

2023 年 6 月，国际化品牌研究机构世界品牌实验室发布了 2023 年《中国 500 最具价值品牌》榜单。著名家电品牌海尔智家入选其中的"中国品牌数字化转型发展案例",成为行业唯一入选企业,受到了各界的广泛关注。

作为受到权威机构认可的数字化转型典型企业,海尔智家是怎样进行数字化转型的? 具体而言,海尔智家的数字化转型呈现的特点如图 1-3 所示。

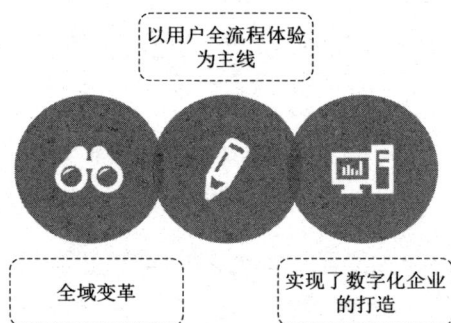

图 1-3　海尔智家数字化转型的特点

1. 全域变革

家电行业的很多企业都进行了数字化转型,但大多数都集中于某个品类或产业链的某一环节,数字化转型较为片面。与这些家电企业不同,海尔智家进行的是全域数字化转型,数字化转型的效果更为显著。

在数字化转型方面,海尔智家进行了长久的布局。在实现用户经营数字化、员工管理数字化之后,2020 年,海尔智家重点打造了数字化平台,实现了产品、服务、营销等多个方面的数字化以及经营模式从线下到线上的升级。在此基础上,海尔智家进行了全流程数字化变革并延伸到企业上下游,形成了强大的数字协同力。

2. 以用户全流程体验为主线

海尔智家的数字化转型以用户全流程体验为主线。在数字化营销方面,海尔智家借助完善的用户画像,实现了产品的精准投放,使产品推荐符合用户的购物需求。用户在网上下单后,海尔智家会根据用户的定位,安排最近的服务点为用户配送产品。在后续用户使用产品过程中,海尔智家会及时收集用户反馈及家电物联网数据,为用户提供更完善的解决方案。

此外,用户可以在海尔智家的数字化平台上反馈意见、申请售后等。海尔智家则会根据用户的整体反馈、整体需求等不断优化自身服务,为用户提供更加个性化的服务。

3. 实现了数字化企业的打造

海尔智家基于目标、组织、机制、流程等方面的数字化重构,实现了数字化企业的打造。通过打造多样化的数字化平台,海尔智家实现了设计、定制、智造、物流、服务等方面的全流程数字化运营,聚焦用户需求打造了全流程数字化服务闭环,提升了运营效率。以线上销售为例,海尔智家通过数字化的供应链,实现了实时回复、订单产品快速出库、第一时间安排配送等,减少了用户等待时间,提升了用户的购物满意度。

此外,海尔智家还打造了多个数字化工厂、数字化智慧园区、数字化应用研发中心,全面拥抱数字化。未来,在先进数字技术与研发实践的推动下,海尔智家将获得更大的发展。

1.4　警惕：数字化转型失败的原因

数字化转型之路并非坦途,许多企业在这条道路上折戟沉沙,未能成功实现预期的转型目标。那么,究竟是什么原因导致这些企业数字化转型失败呢？下面将深入探讨数字化转型失败的原因，帮助企业认清风险，避免走入误区，确保数字化转型能够成功落地。

1.4.1　战略不一致，企业整体失衡

对于数字化转型来说，战略具有一致性十分重要。如果战略不统一，未能实现各方面的平衡，数字化转型就有可能遭遇重重阻碍，最终走向失败。具体而言，战略不一致主要体现在以下两个方面：

（1）长期战略目标与短期利益间的不一致。企业进行数字化转型需要长期投入资金、人力、技术等资源，以实现持续迭代，挖掘新的增长点，实现长久发展。但从短期来看，数字化转型所需的各种投入会阻碍企业业绩增长，难以在短期内给企业带来回报。长期战略目标与短期利益之间的矛盾，使得数字化转型战略在执行过程中容易受到质疑和动摇。

（2）决策层与执行层对战略目标的理解可能不一致。企业数字化转型需要有一个长期的战略规划，但执行层对战略目标的理解可能不透彻，从而做出偏离战略方向的行为。同时，执行层可能更青睐于进行短期投入，以尽快获得回报。这些都会影响数字化战略的顺利推进。

为避免以上问题，企业需要在内部明确统一的战略目标，让全员参与制定数字化转型战略。战略制定并不只是决策层的事情，执行层的各业务部门也需要积极参与其中。只有这样，执行层才能深刻理解战略目标的初衷、实施路径以及预期收益，确保战略执行不偏离正确的方向。

1.4.2　缺少企业度量衡

很多企业在数字化转型过程中都缺少度量衡，即缺少一种完善的、自上而下的指标体系。这使得企业的数字化转型结果往往会和预期相差甚远。

企业为什么要搭建完善的指标体系并进行指标管理？在企业日常运营与管理过程中，总公司与分公司之间、不同部门之间经常需要计算和分析各

类指标,但在这个过程中,可能会遇到以下问题:

(1)指标同名不同义,指的是指标的名称相同,但计算口径、取数逻辑等不同。这是因为不同的业务部门通常是从自身的业务视角出发来解读和运用指标的。例如,对于销售收入这一指标,财务部门关注的侧重点在于实际获得的收益,销售部门关注的侧重点则在于产品的转化效益。

(2)指标同义不同名,指的是指标的计算口径、取数逻辑相同,但是指标名称不同。例如,销售收入这一指标,销售部门通常将其称为"销售额",而财务部门可能将其称为"营业收入";客户满意度这一指标,客户服务部门可能将其称为"客户满意度"或"客户反馈",而市场部门可能将其称为"市场接受度"或"品牌满意度"。

(3)指标命名难理解,指的是没有对指标进行明确定义或解释,导致指标含义模棱两可,难以准确理解。例如,转换率和成单率、访问用户和活跃用户等概念存在区别,如果不对这些概念进行明确的区分和解释,就很容易出现混淆和误用,进而影响数据的准确性和业务决策的有效性。

(4)指标来源不明确,指的是缺乏对指标来源的追踪,当指标出现异常时,难以迅速找到问题所在。

如果企业没有建立完善的指标体系并对指标进行统一管理,那么往往会遇到以上问题。这会极大地影响企业数字化转型的效果,甚至导致转型失败。因此,企业需要搭建指标体系,并进行指标管理。

在搭建指标体系时,企业可采取自上而下的方法,紧密围绕业务目标来构建。一级指标应直接反映企业的核心业务目标,如销售收入、销售毛利率等;二级指标进一步细化为各类具体的业务指标,如平均成本、新增用户数量等;三级指标则涉及更为细致的过程和监控指标,如客流量、签约转化率等。

通过搭建一套全面、系统的指标体系,企业可以规范各项指标的名称、定义、计算口径等,明确指标数据的来源,确保指标管理的标准化。这不仅能够为企业的业务监控和绩效管理提供有力支持,还能确保企业在数字化转型过程中做出的决策更为科学和精准,为转型成功提供坚实保障。

1.4.3　组织固化,企业内部难以协作

从组织层面来看,组织固化及协作阻塞,也是企业需要警惕的一个数字化转型失败的原因。

战略和组织是相辅相成的,组织需要与战略相匹配。企业进行数字化转型时,要避免沿用传统的层级或部门式组织架构。通常来说,传统的组织架构往往对市场变化的敏感度较低,信息传递的链条冗长,横向协调能力较弱;而进行数字化转型,企业需要敏捷性较强的组织,以及时适应快速变化的市场环境。

此外,在传统组织架构下,IT 部门与业务部门之间往往缺乏有效的沟通与合作,企业缺乏既懂技术又懂业务的复合型人才,影响数字化转型的推进速度和效果。

为避免以上组织问题,企业需要推进组织架构变革,建立更加高效的组织架构。首先,企业可以更新组织架构体系,精简组织运作流程,以提高组织协作的效率。其次,企业可以基于云计算、大数据等技术,构建平台化的组织架构,为数字化转型提供高效的服务。

新的组织架构应具备开放性,鼓励不同部门之间的交流与合作。企业可以设立跨部门的工作小组,将 IT 人员、业务人员等不同背景的员工聚集在一起,共同推动数字化转型的进程。这种跨部门的合作不仅可以培养既懂技术又懂业务的复合型人才,还可以促进企业内部不同部门间的协作,实现资源和数据的共享,进一步推动数字化创新。

总之,面对数字化转型的挑战,企业必须在组织层面进行深刻的变革。

构建高效、灵活且开放的组织架构，加强跨部门合作与交流，培养复合型人才，企业才能确保数字化转型战略顺利实施，在激烈的市场竞争中立于不败之地。

1.4.4　缺少与市场、竞品的对比

在进行数字化转型时，企业需要对市场需求、市场格局、竞争对手、竞品等进行分析，明确市场形势，制定科学的数字化转型战略。如果企业缺少对市场的分析，没有把握住市场机遇，没有认识到潜在的市场风险，那么数字化转型失败的概率将会大幅提升。

以某企业为例，该企业在未对市场形势进行全面分析的情况下，仅凭对数字化转型的需求便匆匆开始转型。该企业预期完成数字化转型后自身的竞争力会大幅提升，并为此投入了大量的资金和其他资源。

但随着数字化转型的深入，市场形势发生了变化，该企业生产的产品难以满足消费者新的需求，而竞争对手凭借敏锐的市场洞察力迅速推出新产品，赢得了消费者的青睐。由于前期在数字化转型上投入过多，该企业缺乏足够的资金进行新产品研发，只能按照既定的计划进行转型。转型完成后，该企业的市场反馈并不理想。

这个案例警示我们，企业在进行数字化转型时，绝不能盲目自信，忽视对市场和竞品的深入分析。即使对数字化转型的结果保持乐观态度，也必须在确保平稳发展的前提下，合理规划资金和资源的投入。只有这样，企业才能在激烈的市场竞争中稳步前行，确保数字化转型成功并获得理想的市场反馈。

第 2 章

技术拓展:数字化转型的核心支撑

企业数字化转型需要多种技术的支撑,如大数据、人工智能、云计算、物联网、区块链等。这些前沿技术的深度融合和应用,为企业数字化转型提供了强有力的支撑,助力企业在数字化时代乘风破浪,创造新的辉煌。

2.1 基于技术体系成立企业共享能力中心

基于人工智能、大数据、云计算等先进技术的融合应用,企业可以完善自身技术体系,成立共享能力中心,以技术平台的方式最大化地发挥这些先进技术的势能,进一步助力企业的数字化转型。

2.1.1 数字化基座的 ABC

作为数字化基座的 ABC 指的是人工智能(AI)、大数据(big data)、云计算(cloud computing)。基于以上三项技术,企业可以打造"智、数、云"融合的 ABC 平台,为数字化转型提供全栈技术能力和全流程服务能力。

融合各项技术的 ABC 平台以强大算力、海量存储为基础,通过智能数据分析挖掘数据的深层价值,助力企业捕捉商业机遇,实现业务增长。

ABC 平台的优势主要体现在以下三个方面:

(1)平台架构灵活。人工智能、大数据与云计算三大技术的融合,使平台更具灵活性。大数据提供数据服务,云计算提供算力服务,人工智能提供算法服务,三大服务能力能够按需交付,更加灵活地满足企业数字化转型过程中对算力、算法、数据的需求。

(2)平台更加智慧。ABC 平台能够实现以云承载人工智能能力、在云端智能处理大数据等,智慧程度更高。借助其中的智慧应用,企业的数字化转型变得更加便捷。例如,在将身份信息录入系统后,企业员工不需要准备身份证明,借助 ABC 平台的人脸识别算法,就可以刷脸出入。

(3)助力企业业务上云。ABC 平台具备强大的云服务能力。一方面,其混合云服务可以满足企业业务上云过程中构建公有云与私有云双模式的需求;另一方面,其边缘云服务可以满足企业以轻量化的方式实现业务上云的需求。同时,边缘云的实时处理、实时决策能力,能够更好地满足企业数字化转型在连接、智能等方面的需求。

总之,基于强大的算力、算法、数据分析能力,ABC 平台能够聚焦企业数字化转型需求,为企业提供多样化、可落地的数字化解决方案。

2.1.2　区块链与物联网融合,优势明显

区块链具有分布式存储、不可篡改的特性,可以保障数据存储与流通的安全。而物联网可以连接海量的物体,实现设备之间的互联互通。这两种技术融合,将会产生更大的能量,为企业的数字化转型提供强大的技术赋能。

区块链和物联网的结合能够在物联网应用中解决数据流通安全性、数据隐私保护等问题。物联网设备与区块链网络的连接,可以实现设备身份

的验证、数据的安全存储和传输、数据的去中心化管理等,提高物联网应用的可靠性。

具体来说,二者融合的优势主要体现在以下三个方面:

(1)保证数据安全。物联网设备在运行中会产生大量数据,可能包含用户隐私信息和企业核心业务数据,其重要性不言而喻。将物联网数据上链,实现数据的隐私保护,能够有效避免信息泄露、数据滥用等问题。

(2)智能合约实现设备间的自动化交互。物联网中的设备可以通过区块链的智能合约进行自动化交互,提升设备运作的智能化水平。例如,借助智能合约,物联网设备维护、租赁等都可以实现自动化。

(3)助力企业供应链管理。区块链技术可以确保供应链的透明化和可追溯性,从而确保产品质量。物联网则能够实时收集供应链中的海量数据,为区块链的追溯和透明管理提供精确的数据支持。这种结合使得企业能够更加高效地管理供应链,减少风险,并提升客户满意度。

2.2　人工智能:算法升级,智能化再发展

人工智能的应用范围十分广泛,已经在诸多行业实现了商业化应用。企业通过应用人工智能技术,可以打破信息孤岛,打造数智化平台,实现内部运转的智能化升级与优化。

2.2.1　场景多变:人工智能的全面商业化

当前,人工智能已经深入诸多行业,在诸多行业的数字化转型过程中发

挥了重要作用。

1. 零售行业

在零售行业，人工智能包含的机器学习、图像识别、自动推理等技术，使电脑可以智能识别产品信息，从而实现产品分拣、装配等环节的自动化。此外，人脸识别技术能帮助零售企业记录如性别、购买的产品、滞留时长等用户信息，从而建立用户画像，进一步提升用户的转化率及复购率。

2. 交通行业

交通行业通常以物联网技术为基础，借助传感配件、云端系统构建智能交通体系，并利用人工智能分析车流量，从而实现对道路情况的智能监控。这样不仅可以有效减轻交通管理人员的工作负担，还可以提升道路的通行能力。

3. 教育行业

如今，语音识别、文字识别等技术日趋完善，电脑可以自主实现对各类信息的收集、分析和整合，越来越多的学校开始大规模地实行电脑阅卷。不仅如此，许多补习机构也开始将纠正发音、在线答疑等工作交给人工智能来完成。这在一定程度上解决了教师资源分布不均衡、补习费用高昂等一系列问题，为学生提供了更舒适的学习环境，有效提升了他们的学习效率。

4. 物流行业

配送、装卸和盘点是物流行业中较为基础但又比较繁杂的工作，人工智能技术可以对货物数据进行智能分析，自动生成资源配置的最优方案，打造灵活多变的动态运输网络，从而实现对物流运输过程的自动化改造，全面提升货物运输效率。

随着技术的不断发展，越来越多的企业认识到实现业务智能化的重要性，人工智能对数字化转型的推动作用也越来越明显。未来，人工智能将像互联网一样融入各行各业，实现各行业服务体系、价值体系的创新，为经济发展提供推动力。

2.2.2 打破信息孤岛,构建数智化平台

人工智能可以有效打破信息孤岛,助力企业构建数智化平台,实现企业内的跨部门合作、跨企业合作和跨行业合作。

1.跨部门合作

在企业内部,人工智能的应用极大地提升了工作效率和创新能力。通过机器学习和自然语言处理技术,企业能够迅速分析客户信息及其生命周期,对营销任务进行智能拆解和优先级划分,实现客户与销售员的最优匹配。这种智能化的处理方式,促使企业内部形成"同心圆"式的组织架构,打破部门间的等级壁垒,促进资源的自主调配和部门间的协同合作。

此外,不断进化的生成式人工智能能够应用于内容生成任务,为策划、设计等创意性工作提供更多灵感。例如,在服装制造企业中,生成式人工智能能够基于网络信息分析潮流趋势,提炼当季服装的关键元素、营销视角、用户群体等,并提供量化数据支持,促成策划、营销、生产等部门的顺畅沟通,提升企业整体工作效率。

生成式人工智能还可应用于广告策划行业,为设计师提供一定的灵感,协助设计师创作图片、视频等多种形式的作品;在游戏开发场景中,生成式人工智能可以协助设计师创建虚拟角色,扩展游戏世界地图。

总之,人工智能能够成为部门之间合作的润滑剂,以可靠的数据弥补部门之间的信息差,促成跨部门合作。

2.跨企业合作

跨企业合作的难点在于,企业间存在鲜明的竞争关系,各企业追求自身利益最大化,既希望汲取先进经验、取长补短,又担心自己的核心机密在合作中泄露。

随着人工智能技术不断发展，"联邦学习"进入企业的视线。"联邦学习"是一种先进的分布式机器学习框架，在保护企业隐私、实现共同进步等方面具有显著的优势。"联邦学习"能够在多个企业的主数据样本均不公开的前提下，实现不同企业的边缘设备或服务器能够共建共享人工智能模型，以进行机器学习和商业数据分析。

在"联邦学习"的框架下，各企业可以在不公开自身原始数据的情况下，利用本地数据训练人工智能模型，将结果上传至协调方（数据中心）。协调方进一步整合并构建协作式的人工智能模型，再反馈给各企业。在这一过程中，企业无权直接访问合作伙伴的原始数据，从而确保了数据的安全性和隐私性。同时，由于协作式的人工智能模型整合了各企业的数据训练方式，很好地保留了企业间的异质性，因此，企业能够学习合作伙伴的先进经验，取长补短、共同进步。

3. 跨行业合作

跨行业合作的难点在于，不同行业的企业在价值观念、工作风格、组织管理等方面存在较大差异，在合作中难以适应对方的工作节奏，容易产生摩擦和冲突。此外，不同行业的企业所掌握的专业知识与技术能力各不相同，如何高效地传递知识和信息，尽可能消除企业之间的信息差，也是跨行业合作亟待解决的一大问题。

人工智能在跨行业合作方面具有诸多优势：

（1）人工智能能够帮助企业处理流程性工作，减少员工的重复性劳动，员工有更多的时间深入了解合作伙伴所在行业的知识，促使跨行业合作顺利进行。

（2）人工智能的分析与模拟能力与大数据相结合，能够以企业实际情况为基准进行深入分析，从而为企业挖掘更多跨行业合作的机会。

（3）在跨行业合作中，人工智能能够为企业提供最新版本的行业统计报告，方便企业管理层及时了解陌生行业的整体环境，熟悉合作进展，进而及时调整策略，确保合作项目圆满完成。

综上所述，人工智能处于不断进化之中，其以智能化平台为载体，为企业数字化转型提供助力，实现跨部门、跨企业乃至跨行业的合作。

2.3 大数据：剖析数据，挖掘商机

数字经济时代，企业的数据量呈爆炸式增长。如何快速、有效地处理这些海量数据，成为企业数字化转型的关键。大数据技术的出现，为企业提供了强大的工具。它不仅能够实现对海量数据的精准整理和系统分析，更能够帮助企业深入挖掘数据背后的价值，发现隐藏的商机，为企业制定科学的决策提供有力支持。

2.3.1 大数据的四大价值

借助大数据，企业可以深入挖掘海量用户数据，发挥出数据的更大价值。对于企业而言，大数据主要有四大价值，如图 2-1 所示。

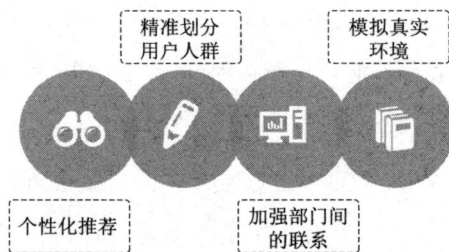

图 2-1 大数据的四大价值

1. 个性化推荐

基于大量的用户数据和智能分析算法，企业可以为用户提供个性化推荐，如淘宝的商品推荐、应用商店的软件推荐、网易云音乐的歌曲推荐等。当企业足够了解用户后，还可以进行商业化延伸，实现精准的广告投放和营销推广。这样既可以有效节约营销成本，又可以提升营销的精准性，实现投入产出比的最大化。

2. 精准划分用户群体

大数据可以极大地降低用户数据的分析成本，使企业可以轻松地根据用户的消费习惯、消费水平等对用户群体进行划分，用不同的服务方式服务不同的群体。同时，企业可以对不同的用户进行更深层次的分析，从而增强用户黏性，降低用户流失率。

3. 加强部门间的联系

即使是为同一个用户提供服务，生产、研发、宣传、售后等部门需要的数据也有所不同。提高数据的利用效率及挖掘数据深度可以增强各部门之间的联系，实现数据共享，进而提高整个产业链的运作效率。

4. 模拟真实环境

在存储了海量的用户数据后，企业就可以通过数据模拟真实环境，从而满足用户更深层次的需求。例如，天津地铁 App 通过实景模拟的方式预测站内客流量，为用户提供车站客流热力地图，使得用户可以更好地制订出行计划。

作为一种新型生产要素，数据已经成为企业宝贵的经济资产，助力企业创新，提升产品价值。只有充分认识到大数据的商业价值，企业才能精准把握时代脉搏，更好地实现数字化转型。

2.3.2　四大措施发挥大数据价值

在当今时代，数据已成为企业构建竞争力的关键要素。为了充分挖掘和利用大数据的价值,企业需要制定有效的战略措施。具体而言,企业可以从以下几个方面出发,推进大数据在企业中的应用,发挥大数据价值:

1. 建立数据共享体系

在了解现有的数据流通规则后,企业就可以综合考虑各部门的业务需求,建立更规范、更实用的数据流通规则,从而加强大数据技术对企业创新发展的推动作用。例如,企业可以对各项业务进行梳理与分析,绘制出各部门内部以及各部门之间的数据流通情况图,从而建立完善的数据共享系统,破除企业内部的数据壁垒。

2. 推进基础设施建设

企业应该充分发挥大数据技术的数据采集优势,加强重点领域的基础设施建设,扩大数据采集的范围,提升数据的质量。同时,企业也需要推进大数据中心的建设工作,为各个部门提供数据支撑,为大数据的深度应用奠定坚实的基础。

3. 培养专业数据人才

面对快速变化的市场环境,企业需要建立一支具备专业素养的数据团队。通过系统的技能培训,企业可以提升员工的数据应用能力,进而推动企业的可持续发展。这样的团队不仅能够适应市场的快速变化,还能为企业的决策提供有力的数据支持。

4. 完善数据安全体系

在大数据应用的过程中,数据的安全保障不容忽视。企业需要建立一套完善的数据安全体系,确保数据在采集、存储、传输和应用过程中的安全性。此外,通过建立有效的反馈机制和惩罚措施,企业可以及时发现并应对潜在的数据安全风险。企业还可以加快数据安全防护技术的研发和应用,为数据共享提供坚实的安全保障。

大数据可以帮助企业优化资源配置,提升产品质量,降低生产成本,精准地将产品或服务投放给有需求的用户。充分认识并发挥大数据的价值，成为企业实现高质量发展的关键。

2.3.3 开客市：以大数据分析覆盖供应链

开客市是零售行业的佼佼者，经过几十年的发展，其业务已经遍布世界各地。开客市的成功与其借助大数据实现数字化经营密切相关。

开客市是零售企业的命脉所在，开客市深谙此道，始终将供应链置于战略核心地位。开客市构建了包含多温层、冷链和常温层的供应链网络，并与众多供应商建立了长期稳定的合作关系，积累了丰富的运营经验。此外，开客市充分利用大数据，优化仓储管理，提升运营效率，有效降低了运营成本，进一步巩固了其在零售行业的领先地位。

开客市采取店仓一体的模式，能够有效吸引用户，提升用户的体验感。开客市对提升用户黏性、扩大消费品类和提高短途配送效率有着不懈追求。开客市坚信，数字化不仅是提升自身实力的关键，更是为用户创造价值、塑造差异化竞争力的源泉。

开客市还利用大数据搭建了供应链系统。凭借巨大的销售量，开客市能够收集到海量的销售与库存数据。这些数据被输到开客市的综合技术平台中，经过精细处理和分析，为供应链管理的各个环节提供有力支持。开客市的专业团队根据这些数据洞察市场趋势，制定策略，确保供应链的高效运作。

开客市所拥有的海量数据资源，为其进行精准营销奠定了基础。那么，这些数据资源可以为哪些人员所用呢？开客市认为，供应链内的所有组织均可充分利用这些数据。

在供应链的体系中，仓储经理可以根据供应链系统对销售数据进行分析，从而优化产品品类，并将产品分配到合适的地区；营销人员可以利用数据分析用户的行为,洞察用户需求的变化,并精确到需求转变的时间和地点。例如,在恶劣天气到来之前,用户倾向于储存保质期长、无须烹饪的食物。因此,开客市会与这些品类的供应商进行合作。

开客市对用户需求的深入洞察使其赢得了广大用户的喜爱,而且,其凭借卓越实力在与供应商的合作中获得了定价与分销的特权。开客市的数据与分析资源对全球供应商开放,各供应商都能通过供应链系统实时掌握产品的流向与需求状况,从而更精准地制订发货计划。

开客市一直致力于打造一体化的供应链布局,涵盖了产品包装、物流配送、产品分拣等环节。开客市拥有多个大型配送中心,能够确保全地域范围内门店的商品配送需求得到满足。此外,开客市还采用多种供应链协同的方式提高产品的运转速度,使产品能够更快送达用户手中。

零售行业不断转型升级,开客市也不断实践与创新,利用大数据提高端到端的供应效率,在优化用户体验的同时实现降本增效。

2.4　云计算:"向云端"成为标配

云计算能够为企业提供强大的数据存储与数据处理能力,帮助企业部署数字化应用和服务。借助云计算,企业可以对业务进行数字化管理,推进数字化转型进程。

2.4.1　云计算成为企业的"智能仓库"

云计算是现代信息技术的重要组成部分,能够为企业数字化转型提供有力支撑。云计算就像一个"智能仓库"，可以实现数据的存储、分析、传递，为企业的数字化转型提供丰富的数据资源。总之，云计算可以为企业的数字化转型提供多方面的帮助。

1. 协同工作

云计算能够与智能设备协同工作，提供有效、准确的数据分析结果，使企业做出的战略决策更精准。

2. 加速转型

随着技术的频繁升级，企业的数字化转型意识日益加强。而云计算能够为企业提供更精准、更高质量的数据，让企业在不受任何干扰的情况下加速完成数字化转型。

3. 商业化智能决策

在决策方面，企业可以通过云计算的智能数据分析与存储功能实现巨大飞跃。对于企业来说，市场数据、发展战略、商业计划都是非常重要的数据。企业只有对这些数据进行整理与分析，才能更好地了解自己薄弱的地方与优势，有针对性地弥补自己的短板，尽快达成发展目标。

随着云计算技术的飞速发展，涌现出大量面向各行各业的云端 SaaS（software as a service，软件即服务）解决方案，为企业带来更多便捷与灵活性。企业可以根据自身需求，随时购买和使用所需的能力，无须进行烦琐的软硬件部署。从云计算的发展趋势来看，教育、医疗、金融、零售等领域对云计算的需求都将不断增加。

在教育领域，SaaS 的应用颠覆了传统的教学模式。通过云端平台，教师可以轻松创建云课堂、提供作业辅导，并根据学生的学习需求为其量身定制个性化教学方案。这种创新的教学模式不仅提高了教学效率，还激发了学生的学习兴趣和动力。

在医疗领域，SaaS 同样展现出巨大的潜力。医疗团队可以利用云端解决方案上传患者的病患信息、检查图像等关键数据,实现远程诊断和治疗。这不仅为患者提供了更便捷的医疗服务,还有助于医疗资源的均衡分布和高效利用。

未来,随着云计算技术的不断进步和普及,其与企业的结合将更加紧密。企业业务范围将不断拓展,数字化能力也将持续提升。在数字化时代,借助云计算和SaaS解决方案,企业将能够更好地应对市场挑战,实现持续创新和发展。

2.4.2　业务上云成为趋势

业务上云指的是企业将存放在本地的应用程序和数据迁移到云平台上进行管理。这可以降低企业的运营成本,提高企业业务管理的灵活性。

当前,业务上云已经成为企业实现数字化转型的必然选择。政府发布的相关政策、逐渐互联网化的数据平台以及成为数字化转型核心驱动力的云计算技术,都使得企业的业务上云成为必然。

1. 政府发布相关产业政策

为了充分发挥数字技术的赋能作用,2020年4月,我国有关部门出台了《关于推进"上云用数赋智"行动　培育新经济发展实施方案》,其中包含多条相关财税优惠政策,鼓励企业业务上云。

2. 数据平台逐渐互联网化

传统的企业管理系统通常只用于增强企业管控能力或扩大信息获取渠道,各个部门之间的系统相互独立,系统间的各项数据并不共享。如今的企业管理系统越来越注重用户体验,根据用户需求不断迭代自身的数字化产品。

这种新型管理系统要求企业将作为基础支撑的数据平台以及前端的用户案例互联网化。为降低运营成本,许多企业都选择将旧系统的硬件移植到云端，因此数据平台具有云计算能力。

3. 云计算是数字化转型的核心驱动力

云计算汇集了众多数字技术的优势，相较于传统技术，它在数据处理能力、迭代升级速度以及计算性能优化等方面具有更显著的优势。众多软件商为了增强产品性能，更好地融入行业生态，纷纷将云计算纳入核心技术架构。这不仅助力这些企业将资本性支出转化为运营性支出，极大地增强了企业财务模式的弹性，还间接优化了企业的资本结构。

在当前数据安全风险不断攀升的背景下，云计算因其数据共享的特性而天然具备风险防范机制。企业在实现业务上云后，可以充分利用这一机制，有效提升数据的安全性，节省原本用于数据安全管理的部分开支。

2.4.3　良品铺子：借华为云服务筑牢数智底座

良品铺子是我国的一个知名零食品牌。在数字化转型浪潮下，良品铺子积极拥抱新浪潮，以数字化转型寻求新发展。

在实现数字化转型的过程中，良品铺子遇到了一些挑战。例如，如何处理重大促销活动期间激增的订单，保证系统平稳运行；如何突破网络壁垒，打造一个全渠道一体化的智能零售平台；如何提升市场对新品的包容度，积极应对瞬息万变的零售市场。

为了解决这些问题，良品铺子和华为云达成合作，共同打造全渠道零售模式。借助华为云 SAP 解决方案，良品铺子将 SAP 开发测试系统迁到华为云上，并成功构建了一体化的零售平台，提升了系统运行的平稳性。华为云扩展的灵活性使良品铺子可以轻松应对百万级别的订单交付工作。

同时，华为云上微服务引擎等 PaaS（platform as a service，平台即服务）服务可以实现业务代码的克隆，这进一步提升了良品铺子的新品研发效率。在此之前，良品铺子进行新品研发前需要花费 3~4 天部署产品测试系统,如今,借助 PaaS 服务,系统部署可以在 1 小时内轻松完成。这意味着,除了从容地面对上述的各项挑战外,良品铺子还可以快速响应市场需求,实现精准营销,为用户提供极致的购物体验。

对于大多数企业而言,实现数字化转型并不是一件容易的事。在华为云的技术支持下,良品铺子成功搭建了一体化的零售平台,极大地提升了工作效率。这表明,在实现数字化转型的过程中,企业可以与成功的云计算服务商合作,在完成业务数据的迁移后,可弹性伸缩的自适应云服务可以帮助企业铺设数字化营销渠道,实现营销业务的数字化转型。

2.5 物联网:物物相连,让物品更智慧

物联网可以实现不同设备之间的信息共享和协作,便于企业对设备进行智能化管理。在物联网的支持下,企业可以实现生产流程数字化,加速数字化转型进程。

2.5.1 物联网驱动万物互联

物联网不断发展,使万物互联成为未来发展趋势。在物联网和"互联网+"携手发展的未来,海量数据将在全球范围内进行自由流动,万物可以进行自由连接。

在首届世界互联网大会上,软银集团创始人孙正义曾预言,在不久的将来,所有的事物将会通过物联网被连接起来。无论是手提电脑、手持的仪器,还是眼镜、衣服、鞋子、墙,甚至一头牛都有可能被物联网联系起来。到

2040 年,这样的现象会非常普遍,所有的人和物都会通过移动设备联系起来。所有的数据都会被存储在云终端,具有非常高的处理速度以及非常大的容量。

他所预言的场景非常有吸引力。事实也证明,互联网的确正以较快的速度朝着万物互联的方向进化。在这种情况下,人与人之间的连接变得越来越紧密,连接方式也越来越多。

从人类生活的角度来看,万物互联不仅实现了生活的智能化,还提高了人类的创造能力。这样一来,人类就可以在享受高品质生活的同时做出更好的决策。从企业的角度来看,万物互联可以帮助企业获得更多有价值的信息,大幅度降低企业的运营成本,进一步提升用户体验。由此看来,万物互联确实拥有非常广阔的市场前景。

2.5.2　智能物联网平台助力企业转型

物联网能够为企业的数字化转型提供技术支撑,实现企业设备之间、设备与人之间的连接以及业务数据的可视化。物联网与人工智能相结合形成的智能物联网平台,则进一步提升了物联网的能力,有助于企业更好地进行业务的数字化转型。

以用友网络科技股份有限公司(以下简称"用友")推出的智能物联网平台为例。用友推出的智能物联网平台是一个能够连接上层业务系统与下层工业设备的中间系统,能够使二者之间实现互联,从而打破数据孤岛,实现企业各层级业务的加快整合。

智能物联网平台能够助力企业打造松耦合的应用服务,使企业设备以及生产过程更加智能化、精益化。用友推出的智能物联网平台主要具有三个功能,如图 2-2 所示。

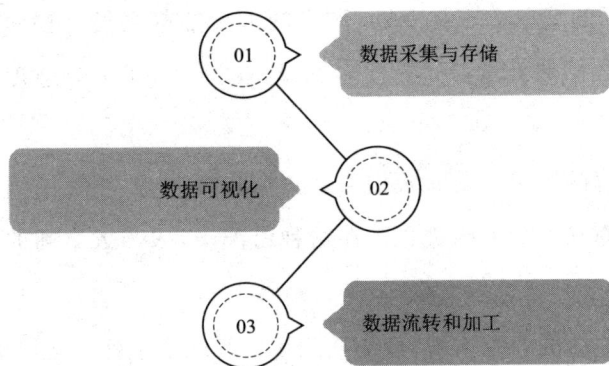

图 2-2　用友智能物联网平台的三个功能

1. 数据采集与存储

该平台能够在收集到不同的设备数据后将数据存储起来，通过不同的通信协议、总线，在物联网平台上进行汇总、归档，以供业务系统查询或使用。

该平台能够实现数据的自动化采集，减少大量重复性工作。该平台通过定义"设备模型"，将待物联的设备模板化，并在模板中设置相应的通信接口、协议、参数等，以减少多次重复创建设备产生的工作量。

2. 数据可视化

该平台能够使数据实现可视化展示。通常情况下，在物联网应用的过程中，数据可视化程度对数据最终的应用效果有着极大影响。物联网数据可视化可以应用于过程画面的创建，通过与实时数据进行绑定，使数据组态化，从而提供各种各样的组态功能。

该平台中的可视化编辑工具提供了如基础图形、图表类、多媒体视频等丰富的图元组件，通过拖拽方式就能实现对现场监视画面的编辑。该平台还能够将图元组件与设备运行数据进行绑定或关联，使现场监视画面呈现动态化效果。

3. 数据流转和加工

该平台能够推动数据的流转和加工。以丰富的行业经验为前提，通过规则引擎的应用,该平台能够对各种没有业务含义的数据进行配置与加工,使其具有独特的业务含义。规则引擎主要负责处理物联网平台采集到的数据,并将处理结果发送到指定服务中。规则引擎通过内置组件制定处理规则,使用户能够按照实际业务逻辑进行可配置化编程,使数据能够在业务流程中自如流转。

用友的智能物联网平台,是工业领域数字模型与物理设备实现连接的纽带。通过知识沉淀、泛在连接、数据智能与可视化呈现,用友的智能物联网平台积累了独特的优势,在智能产品、智能工厂、智慧工地等泛工业领域实现了广泛应用。

2.6 区块链：信息溯源，企业更安全

在数字化时代,企业面临着前所未有的数据安全与交易诚信挑战。而借助区块链,企业不仅能够实现数据的去中心化管理,还能在日益复杂的网络环境中进行更为安全、可靠的线上交易。接下来,将深入探讨区块链是什么以及如何为信息溯源提供强大支持,进而让企业在数字化浪潮中稳步前行。

2.6.1 概念明晰：区块链究竟是什么

区块链是一种去中心化的分布式账本技术,具有成本低、过程高效透明、无中介参与、数据高度安全等优势,能够实现分布式存储、信息加密传输,提高数据的安全性和可靠性。区块链的出现给数据存储和传输带来了颠覆性的变革。

一本账本必须具有唯一确定性的内容,否则就会失去参考意义,这使得记账成为一种中心化行为。在信息化时代,中心化的记账方式覆盖了社会生活的方方面面。然而,中心化的记账方式有一些弊端,例如,一旦中心被篡改或被损坏,整个系统就会面临危机。如果账本系统承载的是整个货币体系,还会面临中心控制者滥发货币导致通货膨胀的风险。

中心化的记账方式对中心控制者的能力、参与者对中心控制者的信任以及相应的监管法律和手段都有极高的要求。那么,有没有可能建立一个不依赖中心及第三方却可靠的记账系统呢?

从设计记账系统的角度来说,系统的构建需要让所有参与方平等地拥有记账及保存账本的能力,但每个参与方接收到的信息不同,记录的财务数据也有所不同。数据一致是记账系统最根本的要求,如果每个人记录的账单都不一致,记账系统也就失去了价值。

区块链系统则攻破了这项难题。如果将接入记账系统的每台计算机看作一个"节点",那么区块链就是以每个节点的算力竞争记账权的机制。

例如,在数字货币系统中,算力竞赛每 10 分钟进行一次,竞赛的胜利者获得一次记账的权力,即向区块链这个总账本写入一个新区块的权力。这意味着只有竞争的胜利者才能进行记账,在记录完成后,区块链就会与其他节点同步信息,产生新的区块。值得注意的是,算力竞争如同购买彩票一样,算力高的节点相当于一次购买多张彩票,虽然能相应地提升中奖概率,却不一定会中奖。

这里的奖品就是数字货币,发放奖励的过程也是数字货币发行的过程。每一轮竞争胜利并完成记账的节点,都会得到系统给予的一定数量的数字货币奖励。节点为了获得系统发行的数字货币,就会不停地计算。这种设计将货币的发行与竞争记账机制完美结合起来,在引入竞争的同时,也解决了去中心化货币系统发行货币的难题。

这种去中心化的记账系统可以承载的各种价值形式，除了数字货币外，还包括可以用数字定义的资产，如股权、产权、债权、版权、公证、投票等。这意味着区块链可以定义更复杂的交易逻辑，区块链技术也因此被广泛应用于各个领域。

2.6.2　产品溯源：以区块链增强企业信誉

区块链中记录的信息是对参与者公开且无法篡改的，同时，所有信息上传的记录都是可追溯的，这有利于解决交易中的信任问题。如果交易过程中出现了问题，交易双方可以通过追溯，进而明确交易是在哪个环节出现了问题。这有助于交易双方建立信任关系，为交易提供了便利。

如今，越来越多的企业将自身业务与区块链结合在一起，希望在数字化时代实现新的突破与发展。例如，京东成立了"京东品质溯源防伪联盟"，用区块链搭建防伪溯源平台，以实现线上线下商品的追溯与防伪，加强品牌方与消费者之间的信任。

例如，消费者在京东商城中购买了肉制品，就可以通过包装上的溯源码查询肉制品来自哪个养殖场以及喂养饲料、产地检疫证号、加工企业等信息。此外，消费者还可以在溯源信息中查看商品的配送信息。

在区块链防伪溯源平台上，京东向品牌商和零售企业开放四种支持技术：数据采集技术、数据整合技术、数据可信技术、数据展示技术。通过区块链防伪溯源平台，非法交易、欺诈造假等行为都将无处遁形。例如，京东与科尔沁牛业合作，消费者在京东商城购买科尔沁牛业的产品，能够从养殖源头环节全程追溯产品信息。

未来，区块链防伪追溯平台将以京东商城为中心持续扩展，实现供应商、监管机构、第三方认证机构在联盟链节点方面的整体部署。京东也会将区块链防伪溯源平台的使用经验逐渐导入线下零售领域，引领"科技零售""可信赖购物"的新风尚。

第 3 章

战略布局：数字化转型先定调

在进行数字化转型之前，企业要确定数字化转型的基调，即明确数字化转型战略以及通过什么路径实现数字化转型。在这方面，企业需要聚焦数据资产打造数字化转型应用基石，选择适合自己的数字化转型战略，并处理好数字化转型角色分工。

3.1 从数据资产形成数字化转型应用基石

数据资产化是企业提高业务数据化效率、推动数据业务化、实现数字化转型的基石。企业需要打通内部数据，实现数据的系统化管理，以数据驱动数字化转型。

3.1.1 底层基调：管理层基于数字化的决策模式

想要借助数据资产打造数字化转型应用基石，管理层就需要对数据资产引起重视，并基于数字资产构建数字化的决策模式，这主要体现在以下几个方面：

1. 管理驾驶舱

数字化时代赋予管理层一项至关重要的能力——洞察业务动态。过去 30 年来，数字化技术对管理的赋能是显而易见的，企业在数据处理能力方面的变化如图 3-1 所示。

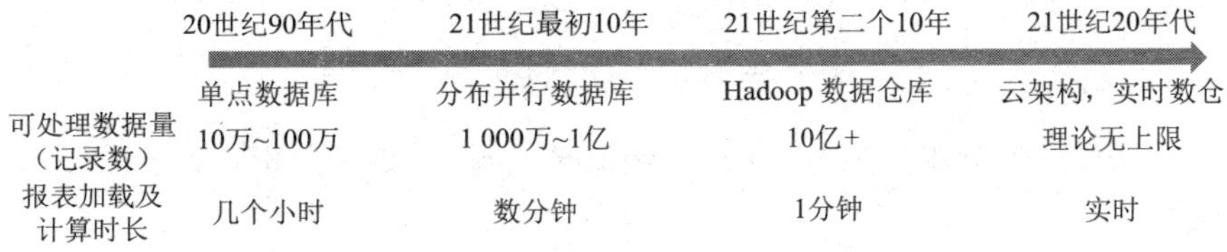

	20世纪90年代	21世纪最初10年	21世纪第二个10年	21世纪20年代
可处理数据量（记录数）	单点数据库 10万~100万	分布并行数据库 1 000万~1亿	Hadoop 数据仓库 10亿+	云架构，实时数仓 理论无上限
报表加载及计算时长	几个小时	数分钟	1分钟	实时

图 3-1　企业在数据处理能力方面的变化

如 3-1 图所示，20 世纪 90 年代数据处理通过单点数据库进行，可处理数据量为 10 万~100 万。随着分布并行数据库、Hadoop 数据仓库迭代为云架构、实时数仓，到 21 世纪 20 年代，已实现千万级客户数据在秒级内的存取和分析。同时，因技术的快速演进，管理者对业务的洞察程度也不断提高。

企业管理者可以根据数字化技术的演进情况，制定科学、合理的数字化赋能管理实施方案。近年来，数据处理效能大幅提升，为更多管理构想的落地奠定了基础。

因此，近年来，"管理驾驶舱"这一概念逐渐兴起并受到广泛关注。它是指根据企业的关键业绩指标打造的高度可视化报表，允许管理者通过拉动时间窗口或切换不同维度来实时观测和分析企业业绩。管理驾驶舱具有移动化、实时化、个性化、精细化的特点，使得管理层能够随时随地掌握企业的实时业绩，从而做出更加精准的决策。

2. 目标管理

企业管理者通常从盈利这一顶层视角出发来确定管理目标，然而影响盈利的因素复杂多样。要管理好利润,企业管理者可以从基础的公式入手:税前净利润=毛收入-管理成本。然而,如何准确分析和追踪毛收入呢?这与企业所处行业的属性息息相关。

以不同行业的企业为例,毛收入的计算方式各有不同:

(1)电商企业:毛收入=商品交易总额×毛利率-营销成本-增值税。

(2)制造企业:毛收入=销售额-销货成本-增值税。

(3)服务业企业:毛收入=已履约服务总值-服务人员工资及社保-增值税。

(4)餐饮企业:毛收入=营业额-食材成本-服务人员成本-增值税。

在非数字化时代,这些指标的拆解需要在财务部门结账后才能进行,而且由于入账的复杂性以及费用、收入与业务预算之间缺乏关联,企业成本和收入往往难以直接对应。对于管理者来说,基于财务数据来洞察业务无疑是一个巨大的挑战。

然而,在数字化时代,借助企业管理系统、销售系统、人员管理系统等工具,企业管理者可以实现毛收入数据的自动化采集和清洗。销售额、毛利率、营销成本、投入产出比等关键过程指标可以通过各个企业系统的数据整合进行细致分析,并形成自动化的报表。同时,一线员工也可以通过数字化平台参与部分指标的追踪工作,减轻上级领导的压力。这样一来,管理层和员工之间就形成了一条高效的管理链条,共同推动企业的发展。

3. 客户管理

在客户管理方面,企业管理者需要挖掘并满足客户需求,与客户建立长期稳定的合作关系。在进行客户管理时,企业管理者可以从以下方面出发全方位地获取客户数据,如图3-2所示。

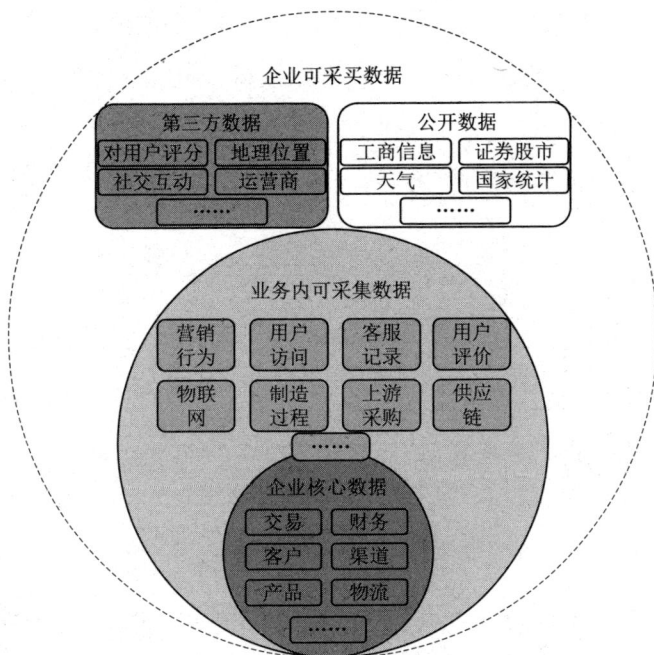

图 3-2 获得客户数据的方式

一方面，企业管理者可以积极采购来自第三方的数据，这些数据涵盖了客户在社交平台上的互动行为、地理位置等重要信息。同时，工商信息、证券股市等公开数据也是不可或缺的信息来源。

另一方面，企业管理者可以基于业务采集数据，包括交易、财务等企业核心数据以及营销行为、用户访问等其他业务数据。

通过这些途径，企业管理者能够捕捉到客户与业务的每一个可能触点，从而收集到详尽的客户信息。这不仅极大地拓展了客户数据的来源，更为企业在市场营销、经营策略制定以及销售管理等方面的决策提供了有力的数据支撑。

3.1.2 数据管理：借 DCMM 管理数据资产

数据资产管理对企业数字化转型十分重要。如果没有做好数据资产管理,企业只能实现短期的数字化应用,难以驱动长期的数字化转型。只有做好数据资产管理,企业才能够在坚实数据基础的支撑下实现深度的数字化转型。

什么是有效的数据资产管理?我们可以以图书馆的运营模式来类比企业数据资产的管理方法。

1. 应录尽录

图书馆作为传播知识的重要场所,为读者提供丰富的藏书。对企业来说,数据资产管理也发挥同样的作用,企业中所有有价值的数字化信息都是企业数据库中的重要数据来源,如财务系统中的发票信息、企业门户的访问信息、客服的通话记录等。

2. 唯一性

图书馆的藏书是经过筛选、登记的,确保藏书符合读者的阅读偏好。同样,企业也需要对数据资产进行统一管理,保证数据资产的唯一性和权威性。在实际操作中,不同人员对同一类别的数据资产可能有不同的定义,因此企业需要对数据资产中的各项定义进行审视,并设置标准统一定义,保证数据资产的唯一性,进而确保数据资产的权威性。

3. 完整归类及描述

图书馆往往有完善的分类和检索系统,读者能够轻松地找到所需的书籍。书本类别、作者信息、摘要、关键词等都可以作为检索的关键词。同样,为了能够便捷地检索到数据,企业需要对数据报表、指标等进行整理和分类。这包括对数据资产进行详细分类、添加描述信息、提取关键词等步骤,从而构建一个高效且易于使用的数据检索系统。通过这样的方式,企业可以确保数据资产的完整性和易用性,进而推动数字化转型顺利进行。

在数据资产管理的实践中,DCMM 以其独特的价值和全面的指导,成为企业不可或缺的数据资产建设参考标准。它为企业数据资产管理提供了

明确的指南，助力企业构建稳健的数据管理能力，优化和完善数据资产管理

制度，推动企业数字化发展的步伐更加

稳健。

DCMM 对企业数据资产管理设定了五

个等级（见图 3-3），企业管理者可以据此明

确不同数据资产管理成熟阶段下，企业获

得的数据资产。

1. 初始级

在初始级别，企业实现了离散数据统

一存放，即企业把所有有价值的数据导入

至统一的平台中，这有助于建设"数据湖"。

然而，在这一级别，企业尚未对数据进行统一的定义和处理，数据的实际应

用主要依赖于一线作业人员。

此级别的实现成本相对较低，通常无须专业的团队进行数据治理。例

如，企业可以通过云服务轻松获得相关的技术和平台能力，技术人员只需接

受简单的培训即可将数据存储至数据湖中。这一级别的实现为企业的数据

资产提供了有效的存储方式，为后续更深入的数据资产管理奠定了坚实的

基础。

2. 受管理级

在受管理级别，企业实现了数据的统一存储和加工处理，包括数据的生

产、加工、存储和呈现等各个环节，形成了一个完整的闭环流程，即所谓的

"数据仓库"。企业管理者可以基于数据仓库获得数据资产，从而更加合理

地进行报表管理。

要达到这一级别，企业内部需要设立专门的数据技术部门来负责数据

仓库的建设和维护。这个部门能够根据管理者的具体需求提供定制化的数

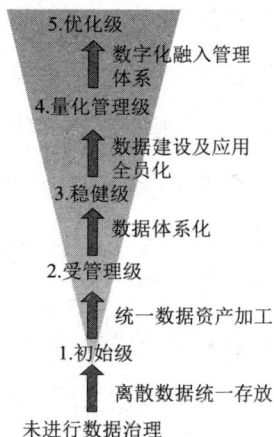

图 3-3　DCMM 设定的五个等级

据支持,进一步推动企业的数据驱动决策进程和业务发展。

3. 稳健级

在稳健级阶段,企业成功实现了数据体系化管理,使数据管理走向整体化、统一化。为实现这一阶段目标,除了数据技术部门的日益完善外,企业还特地指派了专门的业务人员来统一数据资产的定义。他们致力于厘清数据资产的技术定义、业务定义以及数据描述,以确保整个组织对数据的理解和应用保持一致。

4. 量化管理级

当企业的数据管理达到量化管理级时,全员化的数据应用、数据驱动决策以及更为敏捷的数据资产建设都将实现。企业员工对数据资产建设的重视程度不断提升,同时他们的数据使用能力也得以提高。这使得员工能够积极参与数据资产管理的各个环节,并持续推动数据资产质量提升。

5. 优化级

优化级是数据资产管理的最高等级,实现了数据建设流程的全覆盖、企业数据资产的全面治理,并在数据资产的实时应用上取得了进一步的提升。在这一级别,企业使用数据的成本大幅降低,无论是管理者的决策还是员工的日常工作,都可以依据数据进行,数字化深度融入企业的整个管理体系,成为推动企业持续发展的重要力量。

DCMM 为企业的数据资产管理带来了新的机遇。一方面,获得DCMM 认证的咨询机构能够为企业提供定制化服务,为企业的数据资产建设、数字化转型提供支持;另一方面,DCMM 能够帮助企业管理者明确数据资产管理的里程碑。

数据资产管理是一个长期的过程,没有正确方向的指引,企业管理者可能会误入歧途。而基于 DCMM 进行数据资产管理规划,企业管理者可明确每个阶段的投入及预期成果,不断完善数字化转型蓝图,推动企业持续向前发展。

3.1.3　数据资产组织架构拆解

组织架构是否合理是数据资产建设成败的关键。在构建组织架构的过程中，企业可能面临诸多阻碍，如各部门负责人未能充分认识到数字化转型的深远意义，不愿投入精力参与相关工作；各部门已拥有自身的数据资产及相关团队，担心组织架构的调整会带来岗位变动等不确定性，从而对架构建设工作热情不高。

因此，在构建组织架构时，企业管理者不仅要深入思考实际的业务需求，还需全面考虑组织的独特性、可用资源的规模以及潜在的阻碍因素。通过综合评估这些因素，管理者可以更加精准地设计出与企业战略目标相契合、能够有效推动数据资产建设的组织架构。

具体而言，数据资产组织架构主要包括以下类型：

1. 联邦制

联邦制组织架构如图 3-4 所示。

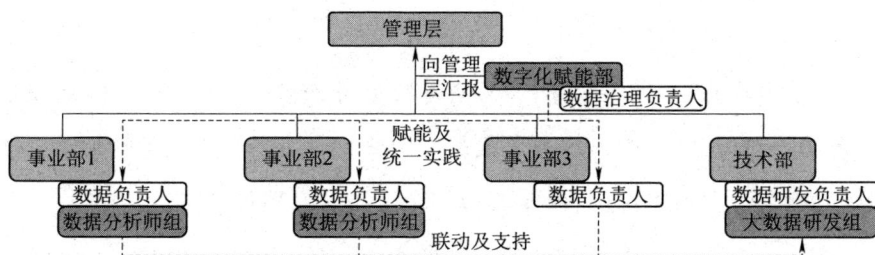

图 3-4　联邦制组织架构

在联邦制组织架构下，当组织内部不同部门在数据应用成熟度上存在差异时，各部门可在遵循统一规范的基础上，相对独立地制定各自的建设方案。同时，该架构允许资源在局部范围内实现共享。尽管研发资源和专家团队由企业的独立部门提供支持,但设计、决策和数据资产开发等核心职能仍保留在业务部门内部,部门负责人有权根据需要调配研发人员和专家。

这种组织架构的优势在于,各部门能够保留其既有的数据资产和人力资源,从而减少了改革过程中可能遇到的阻力。此外,项目启动的时间得以缩短,相关规划和标准更容易在组织内部达成一致。然而,联邦制组织架构也存在一些不足之处,例如,数据资产可能会出现一定程度的重复建设,部分高价值的数据资产可能被保留在私域内,无法实现跨部门的共享和利用。

2. 中央集权制

中央集权制组织架构如图 3-5 所示。

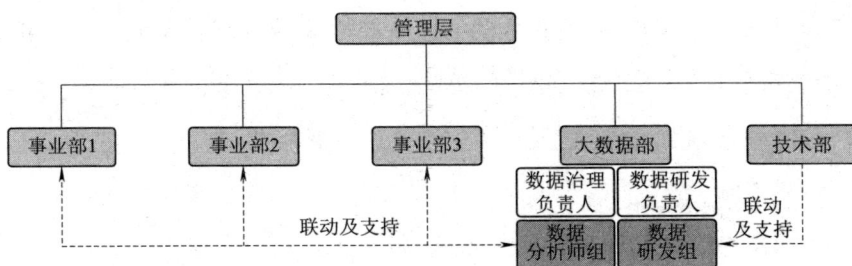

图 3-5 中央集权制组织架构

在中央集权制组织架构下,无论是数据资产建设的方案设计、研发工作,还是下游的应用部署,均由大数据部门全权负责。各部门的应用需求必须统一提交至大数据部门,由该部门进行统一的排期与规划。

这种组织架构能确保建设方案的高度统一,实现最大程度的复用,从而有效减少资源浪费。对于管理者而言,这种集中化的管理方式无疑更为便捷和高效。此外,大数据部还能与其他 IT 规划,如 ERP 系统、销售系统等紧密结合,推动更大范围的数字化转型建设,为企业的未来发展奠定坚实的基础。

　　然而，中央集权制组织架构也存在一些不可忽视的缺点，例如，容易触发组织内部的阻力，特别是在推行新的建设方案时；所有工作都集中在大数据部门，项目启动时间和开发周期可能会相对较长；方案设计的复杂性较高，容错率较低。

3. 层级责任制

　　层级责任制组织架构如图 3-6 所示。

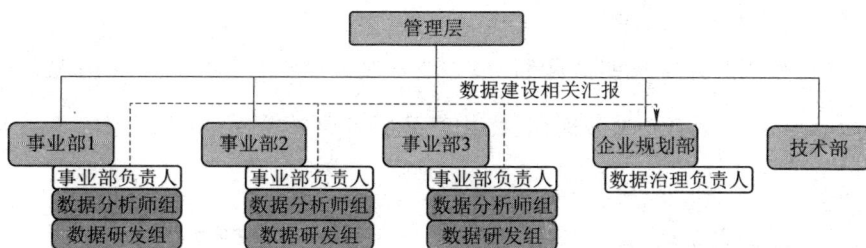

图 3-6　层级责任制组织架构

　　层级责任制组织架构的特点为，业务部门为数据建设的最终负责人，可自行调配所需资源。但是，企业的数据资产存储呈现出离散的特点，企业需要建立目录或索引，使得员工可以迅速找到所需的数据资产。

　　这种组织架构的优势在于，部门负责人拥有与其责任相匹配的权力，从而减少了决策落地的阻力。每个部门实质上形成了一个小型的数据治理体系，能够独立制订开发计划并保持自己的工作节奏，各部门间的工作互不干扰。

　　层级责任制组织架构也存在一些明显的缺点。首先，企业高层管理者对各部门的数据情况的了解有限，导致在全局视角下的数据管理和决策受到影响。其次，跨部门数据资产的联动使用需要经历较长的进程，影响了数据资产的利用效率。最后，由于各部门需要独立投入资源进行数据建设，可能导致资源的重复投入和人力资源的浪费。

3.1.4 某互联网金融公司数据资产管理案例

作为某知名互联网巨头的衍生企业,某互联网金融公司凭借集团雄厚的资源和普惠金融的广泛需求,实现了快速发展。尽管其业务规模已跻身行业前五,但在数据建设与管理方面却存在明显的短板。

该公司在数据资产管理方面存在四个问题:

(1)业绩上报不及时,对基础数据的深入挖掘和分析耗时长达数天,无法深入挖掘问题出现的根本原因。

(2)数据管理存在明显漏洞,核心业务线的明细数据出现丢失情况。这些数据对于描绘用户生命周期、优化产品服务至关重要,但管理上的不足导致这些宝贵数据资产丢失。

(3)数据安全风险较高。一线人员在数据处理过程中存在越权访问的问题,极易发生商业机密泄露。

(4)缺乏统一、可靠的数据源。一线人员不得不花费大量时间对数据进行加工处理,这不仅消耗了数据平台的计算能力,还时常导致平台崩溃,严重影响了业务的正常运行。

针对上述问题,该互联网金融公司开始进行相应的数字化变革,如图 3-7 所示。

图 3-7 某互联网金融公司的数字化建设时间表

该互联网金融公司的数字化变革耗时数年，主要分为如下三个阶段：

1.技术团队重整及理论验证

虽然该互联网金融公司从 2017 年起便依赖大数据部门长期为公司数据技术负责，但大数据部门的技术能力与公司数字化转型的需要存在一定的不匹配，因此，该互联网金融公司用了 6 个月的时间组织新专家团队以进行初期的试验。

在这一阶段，公司从管理视角出发，将数据资产建设的核心目标设定为核心管理层每日稳定输出关键指标。同时，为了进一步提升管理层的决策效率和数据分析能力，该公司还开发了直观易用的仪表盘、看板等可视化工具，从而确保管理层能够实时掌握企业运营的动态情况。

2.赋能部门成立及方案在全公司铺开

在初步验证价值之后，该互联网金融公司决定深入推进数字化战略部署。为充分利用内部资源，该公司采用联邦制组织架构模式，有效调动各部门具备数字化能力的人才，共同构建一个高效协同的虚拟组织。同时，为确保各部门工作的一致性与标准化，公司设立了专门的赋能部门，负责提供统一的设计标准与指导。

在一年的实施周期内，各部门遵循统一标准，自主组织专业团队进行数据资产的建设工作。经过一年的努力，该公司内部管理层及各部门成功建立起一套完善的指标体系，并配套建设了相应的数据仓库，为公司的数字化转型和未来发展奠定了坚实的基础。

3.精细化运营阶段

在资产完备后，该公司逐渐形成精细化的管理模式，包括以下几个方面：

(1)目标管理仪表盘开发。管理层开发目标管理仪表盘，各层级员工基于指标体系及数据资产自主设定自己的考核指标并实现每日更新。

（2）营销智能。随着数据资产的日益完善，销售人员对客户的了解也更加深入。在网络销售和电话销售过程中，他们能够主动发掘潜在客户，为这些客户精准匹配产品和权益，从而实现精细化营销。同时，相关运营策略的测试结果可以每天在仪表盘上追踪，使销售人员能够迅速识别有效策略和无效策略，进而灵活调整销售策略。

（3）盈利掌控。公司的利润拆解与业务运作密切相关，基于经营利润模型，任何经营策略的变化都会直接反映在利润上。凭借高精度的数据资产，管理层可以迅速回顾和分析数十种经营策略对利润的具体贡献。

（4）战略智能。公司成立了专门的数据分析组织，负责迭代数据资产并解读日常报表中的指标变化。这使得在高级管理层会议中参会者对数字的阅读时间明显缩短，有更多时间用于战略方向讨论。基于此，无论是周会还是月会，都更加注重对业务问题的深入探索，并将探索成果落实到数据资产中，从而极大地提升了会议的效率和深度。

完成这一阶段预计需要一年半的时间。届时，数据治理和数字化转型的目标将基本实现。

通过上述案例可知，数字化赋能是一个长期而复杂的过程。即使是拥有强大互联网背景和技术实力的公司也需要2～3年的时间来完成这一转型，一般企业可能需要更长的时间。因此，管理者必须有足够的耐心。

同时，数字化赋能不仅要解决底层技术问题，更要关注顶层设计和战略规划，否则数据资产建设很容易流于形式，甚至在建设后出现回退的情况。此外，全员参与是数字化赋能成功的关键之一，只有点燃一线工作人员的热情并让他们积极参与其中，才能大幅降低数字化赋能的复杂性并推动其成功实施。

3.2　三类不同的数字化转型战略

在建设好数据资产后，企业可以基于数据资产开展具体的数字化转型战略。在这个过程中，企业需要了解不同的数字化转型战略，并根据自身需求选择合适的战略。

3.2.1　精益转型：以精益思维推进高效转型

精益转型指的是企业在精益思维的指导下推进数字化转型的战略。精益思维强调在数字化转型过程中减少浪费、提高效率，实现效率与效益的最大化。在这种思维的指导下，企业数字化转型能够在较低投入的情况下获得更高效益。

精益转型包括三个层次，对企业提出了不同的要求。

第一个层次是实现基于全价值链的精益生产标准化。企业全价值链包括采购、生产、销售、仓储、物流等环节。在数字化转型过程中，企业通常会引入 CRM（customer relationship management，客户关系管理）、ERP（enterprise resource planning，企业资源计划）等数字化系统打造数字化体系，但不同的系统接口、数据标准等阻碍了全价值链数字化体系的形成。

因此，企业需要实现数字化流程、制度等方面的标准化，打通各数字化系统。这能够实现多系统间的数据同步、共享，满足企业在数据分析、业务决策等方面的需求，实现初步的精益数字化转型。

第二个层次是实现基于数字平台的精益管理数据化。企业需要搭建数字平台，对标准化的精益生产数据进行整理、清洗与初步分析，实现数据集成管理。在此基础上，企业需要推进大数据分析、可视化技术在任务管理、改善管理、异常管理等方面的应用，推动精益数字化转型由重点业务环节向其他业务环节延伸，建立起覆盖全价值链的精益数字化管理体系。

第三个层次是实现基于云技术的精益运营系统化。企业需要结合云技术与数字平台，打造覆盖全产业链的系统化、智能化运营系统，实现管理决策、数字系统、运营终端的自由交互，进而实现更加深入的精益数字化转型。

基于精益方法论、数字基础设施的支撑，以及运营优化、智能决策等，企业能够建立起系统的精益数字化管理体系，进而打造"零等待、零故障、零浪费、零库存"的长效精益运营机制。

3.2.2 增强重构：打造新型并行系统

增强重构是一种聚焦企业运营场景，以提升企业运营能力为目的的数字化转型模式。这种模式不会对企业的战略或商业模式进行重构，而是针对运营过程中的痛点进行有针对性的局部数字化转型。

例如，某企业基于数字化的业务运作，规模效益呈现协调发展的态势。但人事考勤系统没有跟上企业发展的脚步，逐渐成为企业管理的一大阻碍。在发现问题后，该企业决定对人事考勤进行增强重构，在原有人事考勤系统的基础上，打造新的人事考勤系统。

随后，该企业引入了外部云协作平台，基于原有人事考勤系统，将日常考勤记录、请假等数据通过 API 接口同步到云协作平台中，实现了考勤的智能化管理。

一方面，新的人事考勤系统能够实现数据清洗、修复。原有人事考勤系统存在原始数据计算错误、数据不规范等问题，而新的人事考勤系统能够基于业务规则，对存在问题的数据进行清洗、修复。

另一方面，新的人事考勤系统能够进行数据统计，并生成考勤报表。基于业务规则，新的人事考勤系统能够定期对数据进行统计、计算，并生成相关报表。企业管理者可以随时查看员工的请假天数、工作时长、加班时长等数据。

在对人事考勤进行增强重构后，该企业的人事管理效率大幅提升，满足了企业组织架构延展、运行效率提升的需要。

一些企业只进行了生产、业务等方面的数字化转型，没有进行全方位的数字化转型。这样的企业可以通过增强重构的方式，对影响企业发展的部分陈旧系统进行数字化升级，如进行人事管理、客户管理、绩效管理等方面的数字化转型。

当企业完成初步数字化转型后，面对新技术、新方案，也可以以增强重构的方式对核心业务场景进行数字化升级，不断提升数字化水平。

3.2.3　完全置换：逐步推进敏捷数字化转型

完全置换是一种对企业运作模式进行全面变革的数字化转型战略，即用新的运作模式完全置换旧的运作模式。在具体操作时，企业可以逐步推进敏捷数字化转型，如从上至下、由点到面推进数字化转型。

一方面，企业需要进行自上而下的组织变革。企业需要重新设计组织架构、调整岗位与职责，成立跨部门团队，支持敏捷工作流程，实现组织架构的优化。在完善组织架构的基础上，企业能够合理分配资源、保持战略的一致性、推进各部门员工协同工作，为数字化转型奠定基础。

另一方面，在推进敏捷数字化转型时，企业可以采用由点到面的方式，从局部业务或某一项目入手推进数字化转型。例如，企业可以选择关键业务作为试点，推进敏捷数字化转型，并根据结果快速调整转型方案。在转型初见成效后，企业可以将敏捷数字化转型扩展到更多运营场景或项目，逐渐实现全面的数字化转型。这种由点到面的方式能够降低转型风险、积累转型经验，更有利于企业数字化转型获得成功。

在敏捷数字化转型过程中，引入人工智能、大数据等技术搭建数字化业务中台是有必要的。通过数字化业务中台，企业可以将业务系统连接起来，实现数据、流程的互通,并且能够保证数据资产的一致性、准确性。基于大数据、人工智能等技术,企业能够对海量数据进行智能分析,优化客户服务及内部支持体系。这能够帮助企业更敏锐地洞察市场与客户需求,做出精准的决策。

总之,在全面推进数字化转型的过程中,企业可以采取灵活、敏捷的方式不断积累经验,优化数字化转型方案,实现更好的数字化转型效果。

3.3　数字化转型角色分工

企业数字化转型战略的落地,离不开管理者和员工的共同努力。因此,在规划数字化转型战略时,企业需要明确角色分工,让管理者与各类人才积极参与到数字化转型过程中。

3.3.1　企业管理者:掌控数字化转型大局

在数字化转型过程中,企业管理者承担着重要的角色与责任。作为数字化转型的引领者,企业管理者不仅要明确数字化转型的目标与方案,还要提供资源支持,推动数字化转型方案落地。此外,企业管理者还需要把控数字化转型的风险。

(1)在进行数字化转型之前,企业管理者需要基于对数字技术发展趋势的洞察、行业最新动态,并结合企业需求与具体发展情况,制定出切实可行的数字化转型方案。同时,企业管理者需要对数字化转型方案进行全面梳理,明确财务预算、技术、人才配备、转型的总体目标与阶段性目标。此外,企业管理者还需要开展动员工作，向员工讲解数字化转型的意义及具体方案，鼓励员工参与到数字化转型的具体工作中。

（2）在数字化转型过程中，企业管理者需要为方案的实施提供必要的资源支持，如技术设备支持、人力资源支持等。企业管理者需要积极引入数字技术，打造内部数字平台，完善数字基础设施。同时，企业管理者需要通过引入外部人才、加强内部人才培养等方式储备丰富的人才资源。此外，为推动数字化转型顺利进行，企业管理者需要牵头开展必要的培训，如组织内部培训、与专业机构合作开展培训等，帮助员工适应新环境、学习新技术。

（3）企业管理者需要构建数字化安全体系，规避转型风险。企业管理者需要制定相关安全政策与制度，规范员工的行为。同时，企业管理者需要投入资金及其他资源，搭建安全的网络基础设施，引入可靠的互联网安全技术保障企业的信息安全。

3.3.2　各类人才：充分发挥各自价值

企业数字化转型离不开人才的支持。多样化的人才在合适的岗位上发挥价值，才能推动企业数字化转型从战略走向落地。企业数字化转型需要的人才分为三类，如图 3-8 所示。

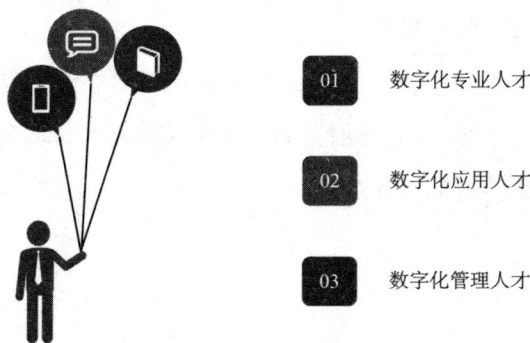

图 3-8　企业数字化转型所需的三类人才

1. 数字化专业人才

数字化专业人才包括软件工程师、业务架构师、大数据开发工程师等技术人才。这类人才往往掌握软件开发、数据挖掘、数字营销、自动化工程等方面的专业技能，能够基于数字技术与工具洞察企业业务，制定数字化解决方案。基于这类人才的探索与研发，企业能够建立起专业的数字化平台，支撑数字化转型的实现。

2. 数字化应用人才

数字化应用人才指的是通过应用数字技术实现业务提升的人才，如产品经理、数据分析师、客户经理等。这类人才具备较强的技术应用能力与协同能力，既了解技术，又有产品意识、客户意识，能够与数字化专业人才针对数字化转型进行有效沟通、资源共享等，对业务运作提出合理的优化建议。此外，这类人才能够将新技术应用于业务场景中，提高业务运作效率。

3. 数字化管理人才

数字化管理人才主要指的是在数字化转型过程中推动战略落地的业务负责人，如产品总监、市场总监等。这类人才往往具有较强的领导力，能够对资源分配、业务降本增效等做出整体规划，并领导其他两类人才持续推进数字化转型。数字化管理人才的关注重点在于推进数字技术与业务的融合，助力业务发展与效率提升。

在推进数字化转型战略时，企业管理者需要对企业内部的数字化人才进行梳理，明确人才缺口，并及时通过外部引进、内部培养等方式完善人才队伍，满足数字化转型的人才需求。

第4章

路径指导：数字化转型三步走

在进行数字化转型之前，企业需要规划好数字化转型的路线，逐步推进数字化转型工作。首先，企业需要打好数字化转型的基础；其次，在此基础上实现突破，并逐步实现全方位同步；最后，需要巩固数字化转型成果，实现稳定发展。

4.1 第一步：打基础，树立思维＋转型方案

企业数字化转型的第一步是打好基础。在这方面，企业管理者需要树立数字化转型思维，制定完善的转型方案。

4.1.1 企业管理者应当具备的四种思维

管理者是推进企业数字化转型的引领者，其思维至关重要。对于数字化转型，企业管理者需要树立四种思维，如图 4-1 所示。

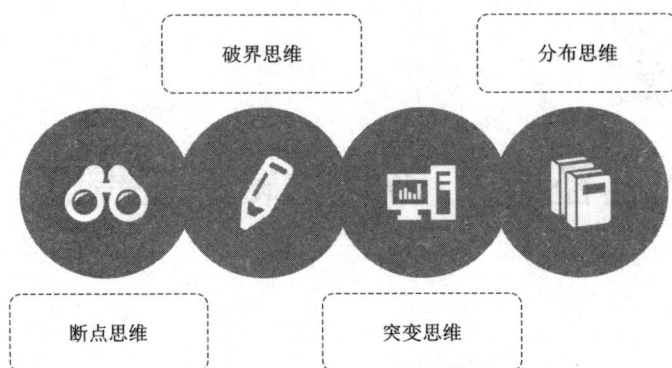

图 4-1　企业管理者需要树立的四种思维

1. 断点思维

企业的发展往往会呈现非连续、不确定的特点。管理者在企业断点式发展的过程中应不断打破"围墙",建立新生态。具体而言,大企业需要构建平台、打造生态,中小企业需要加入平台、融入生态。

2. 破界思维

企业管理者应注重企业与行业生态的破界融合,包括自身产业与其他产业的破界融合、线上线下的破界融合、软硬技术的破界融合等。

3. 突变思维

数字化转型的关键是创新,企业管理者需要有与时俱进的思想和自我革新的激情,以开拓进取和不断探索的精神积极迎接数字化转型的挑战。

4. 分布思维

管理者需要从单向思维转变为多向思维,尊重和关注企业中的每个个体,充分激发每个个体的最大潜能,使数字化转型工作分散在企业的各层级。

管理者应充分发挥其智慧推动企业的数字化转型。企业数字化转型过程中充满着不确定性,管理者需要根据企业发展状况审时度势,做出价值预判,制定应对策略,从而找到合适的转型切入点。此外,管理者还需要持续推进企业的科技创新和技术进步，将技术转化为企业的核心能力，打造良好的企业生态系统，从而减少数字化转型过程中的阻碍。

4.1.2　方案迭代：以动态求稳定

如今，外部市场环境不断变化，新技术、新工具层出不穷。在这样的背景下，企业的数字化转型方案也需要持续迭代，以始终保持先进性，及时适应市场的变化，确保企业能够稳健地应对各种挑战，实现稳定发展。

在数字化转型过程中，企业应精心规划需求、敏锐地洞察缺陷，在迭代周期内明确目标，不断对技术和商业模式进行升级，实现高业务价值。例如，2022 年 10 月，金属加工液解决方案企业马思特（上海）化学有限公司正式发布数字化云项目，得到了汽车、航空航天等行业用户的广泛响应。马思特（上海）化学有限公司希望以"小步快走"、快速迭代的方式来执行数字化转型方案，从而与用户实现双赢。

在销售、用户服务等环节，马思特（上海）化学有限公司利用完善的数字化工具从传统的渠道销售模式向多样化服务的模式升级，并利用大数据为企业未来发展提供更精准的数据分析，提升运营效率，从而实现企业业务模式的更新迭代。面对金属加工液状态难管理、人工效率低等问题，马思特（上海）化学有限公司的数字化云项目能够为用户提供更优质的解决方案。

此外，根据数字化转型周期，马思特（上海）化学有限公司逐步建立一个用户大数据库，根据对用户数据的分析、整合实现对用户的反哺。马思特（上海）化学有限公司将数据定义为企业的战略价值组成，从而推动企业实现战略性、迭代式的发展。

数字化转型是传统企业更好地应对时代变革的有效举措之一，对传统企业来说是一次挑战，也是一次机遇。企业应注重数字化转型方案的规划过程，通过长久规划实现迭代式发展。

4.2　第二步：先突破，再同步

企业数字化转型的第二步是进行突破。具体来说，企业可以先在核心部门开展试点工作，实现突破后，再进行企业层面的全方位同步。

4.2.1　在核心部门开展试点工作

为了推动数字化转型战略在企业内部落地，尽快使数字化转型取得成效，企业可以在核心部门进行试点工作。通过试点，企业可以探索可落地、可复制的数字化转型方案，为数字化转型的全面铺开奠定基础。

企业可以制定一套符合数字化转型需求的实践方案，并通过模拟的方式进行部门试点。在方案落地的过程中，企业应明确需求的优先级，有节奏地开展转型工作，从而聚焦高价值的任务交付需求。首先，企业需要招募、选拔和培养具备数字化技能的种子员工。其次，企业要让种子员工在企业中起到辐射带动作用，营造企业上下都积极参与数字化转型的氛围。最后，企业需要根据各个部门运转方式、业务性质制定不同的落地方案，并根据各个部门的业务需求，持续完善部门架构。

在进行试点的过程中，企业需要脚踏实地地满足试点部门的每一个小需求，以每一个小需求的实现推动整个部门数字化转型的发展，进而以试点部门的成功经验推进整个企业的数字化转型进程。

4.2.2　寻找转型中的"数字杠杆点"

杠杆点是撬动物体的关键支点，一旦找到杠杆点，便能轻松地撬动物体。同样，在企业数字化转型过程中，也存在杠杆点，即"数字杠杆点"。如果"数字杠杆点"得到有效的调整和优化，便能引发整个企业产生深刻变革。因此，寻找并精准把握"数字杠杆点"，成为推进企业数字化转型的关键。

以处理器研制企业英特尔为例，英特尔的数字化变革中主要有三个"数字杠杆点"。

第一个"数字杠杆点"是英特尔系统中的增强回路。它的主要特点是能够自我强化，也就是系统每运作一次就能获得强化的能力，从而运转得越来越快。

第二个"数字杠杆点"是系统的自组织。英特尔系统的自组织不需要外界力量的干预，能自行建立系统秩序，提高系统的有序性。自组织能够从一种组织状态自动向另一种组织状态转变，并能够用系统中新的要素替换旧的要素，从而实现系统要素的再生和系统自繁殖。系统的自组织意味着系统某个部分的变化能够推动系统发生自下而上的变革。

第三个"数字杠杆点"是范式转移。这也是英特尔进行数字化变革比较关键的一步。范式转移需要构建一套全新的系统模式，将传统的代工模式升级为系统级代工模式，摆脱老旧系统的束缚。英特尔十分注重系统级代工模式的转换，系统级代工模式主要由四个部分组成：第一个部分是晶圆制造。英特尔持续推进摩尔定律，向用户提供制程技术，完善系统的晶圆制造。第二个部分是封装。英特尔为用户提供更加先进的封装技术，从而帮助芯片研发企业整合不同的制程技术和计算引擎。第三个部分是芯粒。英特尔通过芯粒的高速互联开放规范帮助来自不同供应商的芯粒更好地实现协同。第四个部分是软件。英特尔运用开源软件加速产品交付，使客户能够在生产前测试解决方案。

英特尔通过以上三个"数字杠杆点"成功摆脱了经营困境，重新焕发生机与活力，成为一家以数据为中心的计算创新领域和半导体行业的全球领先厂商。

4.2.3　局部同步：营造稳定的环境，系统化转型

有了成功、可复制的数字化转型方案后，企业就可以将方案应用于其他

部门,实现数字化转型在企业内的局部同步。在这方面,企业首先需要营造稳定的转型环境,再进行系统化的转型。

在营造转型环境方面,企业可以采取三个措施,如图 4-2 所示。

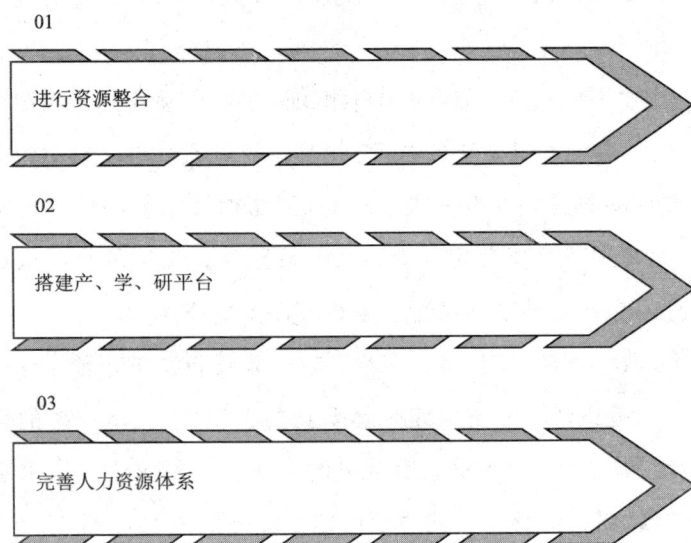

01

进行资源整合

02

搭建产、学、研平台

03

完善人力资源体系

图 4-2　企业营造稳定的转型环境的三个措施

1. 进行资源整合

企业应将各项资源充分整合起来,强化资源的拉动作用。企业应充分发挥生产、项目设计在数字化转型中的重要作用,注重提升科技研发水平和产品的科技含量,加大产品研发力度。此外,企业应尽可能地吸纳与自身密切合作的中小企业,整合中小企业的力量,充分释放企业的潜力和张力。

2. 搭建产、学、研平台

企业可以充分利用周边科研院校的资源优势,通过整合院校与企业的优质资源,实现双方的强强联合。在此基础上,企业可以牵头搭建一个集产业、学术和研究于一体的综合服务平台,从而在产品设计、技术升级、数据检测等方面获得支持。

3. 完善人力资源体系

企业应积极开展人才培养、技术支持、管理咨询等讲座和培训，不断引进创新、创业型人才和高端技术人才。并且，企业应为人才成长提供全方位支持，使人才价值最大化，并构建科学的人力资源体系，从而营造稳定的变革环境。

和谐、稳定的环境是企业数字化转型落地的肥沃土壤。企业应重视环境的作用，充分整合内外部环境的有利因素，尽可能减少环境冲突，推动数字化转型进程。

在稳定的环境的基础上，企业需要推进系统化的数字化转型。企业需要围绕数字化转型核心要点，制定系统的转型战略，构建一套完善的"组合拳"。

不同的企业有不同的数字化转型"组合拳"。以蓝光发展为例，蓝光发展将数字化贯穿经营与管理的全过程，不断加快数字化、标准化、平台化建设，打造出一套强大的数字化转型"组合拳"。

在组织管理上，蓝光发展成立数字化委员会和数字化建设专项小组来负责数字化转型的重大事项决策。蓝光发展还定期召开"CEO 数字化双周会"，分析数字化转型中的战略问题，寻找解决方案，及时调整战略。

在数字化文化培育上，蓝光发展推行"变革文化""客户至上文化"等。蓝光发展号召高层用数字化手段变革决策、管理方式，主张始终以客户为中心，用数字化的理念运营客户，提升客户满意度。

在生态合作上，蓝光发展与政府、行业协会、科技企业、科研院校等机构合作构建地产科技生态圈。同时，蓝光发展与数据中台贯通，以实现不同职能间的融合。例如，建设管理驾驶舱系统、规划作战地图系统等，从而使企业能够快速响应市场变化，及时调整业务方向。

在智能化创新上，蓝光发展建设了 AIoT（人工智能物联网）智能人居平台。蓝光发展通过蔚蓝实验室孵化了智能化的蓝光 AI 社区,不断推动智能人居平台的发展和完善,提升企业产品和服务的品质。

蓝光发展致力于研发新技术、形成新能力,加快业务板块的数字化赋能,不断驱动企业生态板块的完善。在数字化战略的引领下,蓝光发展打出了一套铿锵有力的"组合拳",取得了丰硕的数字化转型成果。

4.2.4　全方位同步:培养 IT 能力,拥抱初创企业

在全面推进数字化转型的进程中,企业必须不断提高自身的数字化实力。特别是 IT 能力,它在企业数字化转型中扮演着至关重要的角色。为了更高效地实现数字化转型,企业应紧跟 IT 能力的发展趋势,通过精准投资,以最低的成本获得最大的收益,从而确保转型成功。

1. 企业要打造更灵活的 IT 系统

以往复杂的 IT 系统基本能够满足企业规模化发展的需求,但在当下数字化变革加剧的时代,企业需要更加灵活的 IT 系统,以实现数字化新发展。

2. 企业要注重 IT 技术人才的培养

现如今,企业打造 IT 系统的目的应从获取技术支持转变为引导数字化发展。因此,在培养 IT 人才的过程中,企业除了要注重 IT 人才的技术能力,还要注重其业务理解能力、领导力、创造力、沟通力和行业影响力等非技术能力。

此外,在数字化转型过程中,企业需要新鲜血液:越来越多的数字化企业选择与数字化初创企业合作,期望初创企业能够为其注入新鲜血液,弥补自己的技术短板。大型企业与初创企业存在高度共生的关系,大型企业看中初创企业的创意和灵活性,初创企业看中大型企业的丰富资源和行业地位,双方合作往往能实现共赢。

在与初创企业合作时，大型企业需要搭建两种互动平台，分别是队列型平台和漏斗型平台。在队列型平台中，大型企业需要发布初创企业可参与的系统化项目，并约定好项目期限，初创企业需要在竞争中取胜才能参与进来。在漏斗型平台中，大型企业为初创企业提供有限的合作机会，随着项目的开展，大型企业需要根据初创企业能够带来的价值对其进行淘汰制的筛选。

例如，全球顶尖的企业管理与协作软件供应商 SAP 推出"创业激励计划"，将其数据库平台"SAP HANA"共享给一些前景广阔的初创企业，并为初创企业的新应用程序开发提供帮助。但是，初创企业需要通过竞争参与SAP 的项目。

从竞争中脱颖而出的优秀的初创企业可以获得 SAP 的技术支持，而SAP 能够获得初创企业提出的新颖的想法和创意。

在数字化转型过程中，企业面临着各种各样的挑战，这就需要企业从更宽广的视角去审视外部环境。加强与初创公司的合作在一定程度上能够降低企业的转型成本，并为企业带来更具前瞻性的战略思路，推动企业更快实现数字化转型。

4.3　第三步：求稳定：转型成果需巩固

企业数字化转型的第三步是巩固数字化转型成果。在这个过程中，企业需要培养敏捷型文化，不断提升识别与应对风险的能力，从而实现更加稳定的发展。

4.3.1　培养敏捷型文化

想要进行数字化转型的企业需要建设持续变革、充满活力的文化，即敏捷型文化。在这种文化的助推下，企业能够迅速适应市场的变化，灵活调整战略方向，不断创新并超越自我。

以线上鞋店 Zappos 为例，Zappos 的敏捷型文化的核心基调是以用户为中心的创新。Zappos 的创始人在发现了鞋业市场的商机后，试图将鞋业与数字化相结合，但苦恼于如何使基于物理体验的鞋类产品在线上能够获得关注。最终，该创始人基于用户至上的企业文化创立了 Zappos。为了实现最初的愿景，该创始人打造了自有仓库的数字化运营模式，摒弃传统制造商发货的模式，实行 Zappos 仓库直接发货的模式，从而更快地响应用户的需求。

Zappos 还打造了数字化送货、退货的全流程，为用户提供更便捷的服务。在数字化退换货流程中，Zappos 十分注重服务细节。例如，有一个正处于情绪低落期的 Zappos 用户想要退货，但用户因一些客观原因无法及时退货。Zappos 的线上客服了解到用户所面临的情况后，为用户安排了上门取货服务。工作人员上门取货时还赠予用户一束鲜花，以安慰用户。

Zappos 在发展过程中逐渐获得了许多用户的关注，在提升服务质量的同时不断进行数字化变革。Zappos 的数字化变革离不开以用户为中心的企业文化的指引，是以敏捷型企业文化赋能数字化转型的成功案例。

4.3.2　提升识别与应对风险的能力

企业需要提升自身识别、应对风险的能力，以实现长期稳定发展。在这方面，企业需要关注四项主要风险，分别是行业风险、用户风险、数字绩效风险和商业模式风险。相对应来说，在识别风险时，企业需要重点关注四个预警信号，如图 4-3 所示。

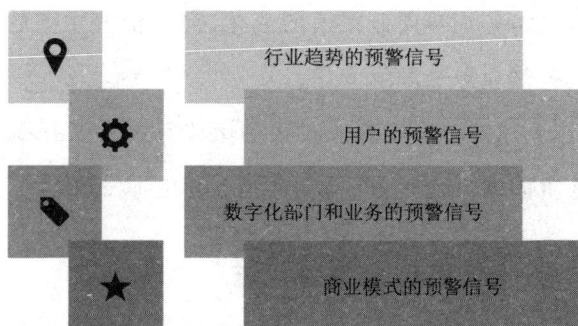

图 4-3　四项风险相对应的四个预警信号

1. 行业趋势的预警信号

在行业中的某些环节或事项正在被颠覆或即将被颠覆时，企业可以从行业数据中获得一些预警信号。企业一般可以从五个方面获得行业趋势的预警信号，分别是数字行业盈利趋势、原生数字化初创企业数量、成功的数字化初创企业数量、风险投资业务趋势、关联行业的颠覆。

2. 用户的预警信号

大部分的用户体验都能够通过数字化手段识别及改善，因此，企业需要及时捕捉用户的预警信号，提升用户的满意度。企业一般可以从三个方面获得用户的预警信号，分别是用户潜力、用户痛点、用户参与度。

3. 数字化部门和业务的预警信号

企业需要关注产品、业务和人员的数字化投资成果，同时也应关注新兴技术的投资水平和主要技术投资的动向。企业可以从四个方面获得数字化部门和业务的预警信号，分别是新兴技术投资水平、数字化业务占比、数字化人力投资、数字化投资的可持续性。

4. 商业模式的预警信号

大多数企业能够清楚地认识到商业模式变革给企业发展带来的威胁，但很多企业低估了这种威胁的紧迫性。企业可以从四个方面入手评估商业模式变革的紧迫性,分别是商业渠道的演化、商业价值主张的变化、合作伙伴关系的转变、关键业务资源的变化。

时刻关注以上风险有利于企业在数字化转型的过程中及时应对突发情况,从而更好地巩固数字化转型的成果,实现可持续发展。

4.3.3 宝洁:数字化转型要与时俱进

日用消费品巨头宝洁在长久的发展中始终保持旺盛的生命力,这与其紧跟时代步伐、积极推进数字化转型密不可分。具体而言,宝洁主要进行了以下三个方面的数字化转型:

1. 业务流程转型

以宝洁的广告投放业务为例。宝洁在设计广告投放方案时往往会进行多维度的考量,如品牌、地域、人群、广告形式和投放平台等。宝洁每个月度的投放计划有上千种投放组合,但宝洁最初只能靠人力来拟订具体的投放计划。

进行数字化转型后,宝洁借助大数据和人工智能进行广告投放计划的数字化拟订。大数据和人工智能可以从众多投放计划中筛选出最优组合,这极大地节省了宝洁在广告投放业务方案策划方面付出的时间,不仅提升了策划能力,还进一步提升了广告的转化效果和触达率。

2. 商业模式转型

以电商业务的供应链为例。宝洁最初的物流链条是:工厂—分发中心—仓库—快递公司—消费者。这样的物流链条使宝洁的物流成本高昂。进行数字化转型后,宝洁打造了自有数字化工厂,并通过数字化电商平台直发快递给消费者,大幅节省了物流成本,同时实现了节能减排。

3. 人才转型

人才是企业经营的核心要素之一。宝洁认为,只有培养出优秀的数字人才，才能真正地推动数字技术落地，为企业创造更多价值。在招募人才的过程中，宝洁十分注重人才的可塑性。

宝洁接受零经验的应届毕业生，希望应届毕业生能够带来活力与创新灵感，以更好地与数字化时代接轨。宝洁不断对老员工进行数字技能培训，以推动数字技术持续优化和发展。在数字化转型的过程中，宝洁致力于让每一名员工拥抱数字化，为企业的数字化转型贡献力量。

宝洁的数字化转型之路为大部分传统企业进行数字化转型提供了借鉴与参考。通过持续推进数字化转型战略，宝洁始终保持与时俱进的创新能力，不断自我超越、突破行业边界，稳健地走在行业前沿。

第 5 章

生态创新：产业互联网＋中台建设

在数字化转型过程中，企业不仅要注重技术革新，更应致力于生态创新，构建全面且稳固的数字化转型生态。一方面，企业需要精准对接产业互联网，深度融入行业生态链；另一方面，企业需要做好中台建设，搭建起内部生态。

5.1　产业互联网：为数字化转型注入新动力

产业互联网能够借助大数据、人工智能等技术，以数字化的方式连接行业上下游，以行业间的协同为企业的数字化转型助力。企业需要对产业互联网引起重视，参与到产业互联网的打造中，借外部力量推进数字化转型进程。

5.1.1　产业互联网的定义、价值与使命

产业互联网是什么？指的是基于产业垂直场景，凭借大数据、人工智能等技术手段，以数字化、网络化的方式，构建起的一种连接产业链上下游各

环节的协同机制。产业互联网能够以产业高效运作、产业创新服务等，优化产业生态。在企业数字化转型的过程中，产业互联网作为一种新引擎，在连接企业、产业、先进技术方面起着重要作用。

产业互联网能够将数字化贯穿于生产、流通、消费等各个环节，对构建经济发展新格局、推动经济高质量发展具有重要的战略价值。产业互联网的价值和使命主要体现在三个方面，如图 5-1 所示。

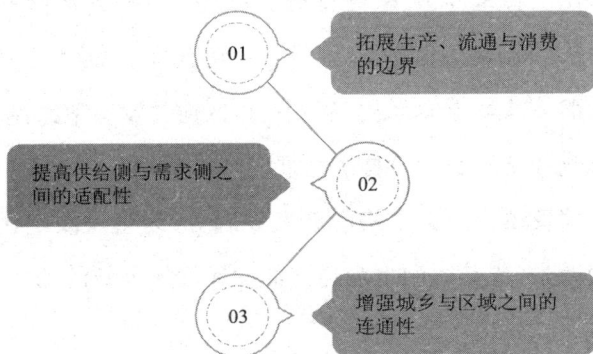

图 5-1　产业互联网的价值和使命

1. 拓展生产、流通与消费的边界

生产、流通、消费等环节共同构建了经济大循环的完整链路。在生产方面，产业互联网不仅能够通过共享制造、智能制造等新型生产方式提高产量，还能够通过技术升级加强产品创新，提升产品质量，从而为产业链现代化、产业基础高级化和产业供给侧结构性改革提供助力。

在流通方面，产业互联网能够利用技术充分为产品流通赋能，例如，智慧物流、社区电商、无接触配送等新型流通方式极大地拓展了产品与服务的触达范围。在消费方面，产业互联网能够通过线上线下融合创造出有形消费品的新型消费模式，还能够通过数字技术增加无形消费品的种类，从而推动消费边界快速拓展。

2. 提高供给侧与需求侧之间的适配性

产业互联网能够降低供需信息的不对称性，提升供需匹配的精准性。产业互联网能够将分散的供给与需求信息进行整合，促进产业链、供应链的现代化发展，从而推动产业集群之间相互适配，提高供给侧与需求侧之间的适配性。

3. 增强城乡与区域之间的连通性

产业互联网的智慧零售、电商直播等新型销售模式能够推动产品的循环流动，增强城乡和区域之间的有效贯通。智慧教育、远程医疗等服务模式能够推动公共服务从城市向乡村、从发达地区向欠发达地区流动，从而推动城乡经济一体化和区域协调可持续发展。

产业互联网反映了经济结构的新发展趋势，为企业数字化转型提供了新的机遇。同时，产业互联网也为经济的发展注入了新的动能。

5.1.2　如何打造产业互联网

产业互联网能够实现企业与企业之间、上游与下游之间的贯通。借助产业互联网，企业能够更好地实现供应链协同，驱动数字化转型。那么，企业应如何打造产业互联网？具体来说，企业需要遵循以下几个步骤：

第一步，寻找产业边界

企业需要对产业进行研究，找到可以借助互联网技术打破的产业边界，如地域、技术、服务等，以解决产业核心需求为切入点，快速推行新业务。这样企业就可以在扩大产业规模的同时，进一步提升运营效率。

例如，互联网提升了信息传输速度，扩大了信息传播范围，提高了信息的透明度。企业可以借助互联网，将产品设计、生产、物流、库存等信息汇聚起来，让所有工作人员都可以实时获取产品信息，从而有效提升产品的生产和物流效率，解决供需不平衡的问题。

第二步，创造产业价值

产业互联网的实现以增强产业价值为前提，如果产业互联网不能激发用户或供应商的消费欲望，或者不能帮助企业节省运营成本，就失去了价值。企业可以在建设初期，综合考虑产业高利润区与自身的业务规划，有针对性地选择产业互联网的建设方向。

第三步，建设基础设施

基础设施是产业互联网形成竞争优势的关键，如互联网、物联网、PaaS平台等。企业可以利用这些基础设施，对产品进行深度量化，从而实现产品的标准化、规范化。优质的基础设施可以帮助企业形成技术壁垒，基础设施的建设过程，在某种意义上也是服务价值形成的过程。

第四步，形成规模优势

达到一定规模后，企业的收益会随成本的降低而增加，这意味着企业利用自身的规模优势形成了规模效应。互联网的边际成本更低、用户量更大，如果企业可以借助资本的力量形成规模优势，就可以充分利用规模效应进一步降低服务成本，增强自身的核心竞争力。

第五步，构建平台生态

在形成规模优势后，大量的活跃用户会反过来吸引供应端企业加入，从而形成完善的平台生态。这种现象被称为"梅特卡夫定律"，即网络价值以用户数量的平方的速度增长。在产业互联网初具规模后，企业就需要建立完善的运营模式以及利益分配机制，还要将平台用户进行深度细分，从而吸引供应端企业加入，进一步完善平台生态。

第六步，建立数据模型

在产业互联网投入使用后，随着使用人数的增加，系统内部会积累大量数据。这时企业需要充分挖掘数据间的关联性，并利用这种关联性建立用户数据模型，进一步提升用户的转化率，充分挖掘产业互联网的价值。

在成功建立产业互联网后,企业就可以利用线下资源拓展线上平台,建立物流运输平台以及集成交易平台,实现线上线下一体化管理。

5.2 中台:企业数字化转型"利器"

数据是企业进行数字化转型的关键要素,处理好数据,发挥数据的更大价值,能够为数字化转型提供助力。而中台的建设,能够打破企业内部的数据孤岛,实现海量数据的统一管理,为数字化转型提供必要的数据处理能力。

5.2.1 解读中台概念

中台能够整合企业内部数据资源,形成统一的数据管理和应用平台,深度挖掘数据价值,让数据赋能业务。很多企业都意识到了中台的重要作用,并积极建设中台。在建设中台前,企业需要对中台进行深入的了解。具体来说,企业可以从图 5-2 所示的三个视角入手解读中台概念。

文化和理念

业务和组织形态

技术和业务架构

图 5-2 解读中台概念的三个视角

1. 文化和理念

中台是一种以用户为中心的文化和理念。中台的作用之一是保证系统的实用性和流畅度，使用户获得更方便、顺畅的使用体验。中台从用户的需求出发，加强内部协作和外部协作，重视产品带来的成果和系统稳定性，旨在为用户创造价值。

2. 业务和组织形态

中台是企业针对商业模式和核心战略调整而设立的一种业务和组织形态。中台能够梳理前台业务，为前台业务赋能，具备强大的支撑能力，能够避免前台各业务线重复建设。

3. 技术和业务架构

中台是企业实现商业模式协同和共享发展的技术，是驱动数字经济从垂直分工模式转变为水平分工模式的业务架构。中台的核心目标是构建高价值的能力体系，提升前台的应变能力。中台不仅要运用云计算、容器化、分布式、微服务等高性能的云技术架构，还要运用服务架构或面向领域建模的业务架构，并通过采用插件化、事件驱动、领域驱动设计等模式和工具形成一种稳固的业务架构。

中台作为企业数字化转型的有力武器，能够打破前台、后台的传统运营模式，重组企业业务架构，是企业加快实现数字化转型的关键动力。

5.2.2　数据＋技术＋业务：中台建设三大方向

中台主要有三种类型：数据中台、技术中台、业务中台。因此，企业建设中台可以瞄准这三大方向。企业需要了解不同中台的特点，以建设合适的中台。

1. 数据中台

数据中台通常会从后台以及业务中台获取需求数据，在将这些数据进行整合、分析、计算、存储后，构建可复用的数据能力中心，为前台提供便于使用的数据资产。在数据资产建设中，数据中台发挥着重要的作用。

2. 技术中台

技术中台是通过资源整合将企业自有能力进行沉淀，为前台提供技术、数据等资源的平台。它由平台化的架构演化而来，微服务开发框架、容器云、PaaS平台等都是技术中台的具体形式，它们都在最大限度上将烦琐的技术细节涵盖在中台内部，为前台和其他中台提供基础技术。

3. 业务中台

业务中台将业务管理系统汇聚起来，形成一体化的业务处理平台，产品系统、订单系统、物流系统都是业务中台的具体形式。它将后台的业务资源进行整合，提升了前台的业务处理能力。业务中台将各项业务的底层逻辑与实际应用分离，有效降低了各部门的沟通成本，提高了各项业务的运作效率以及员工之间、部门之间的协作效率。

中台将企业的数据、技术、业务需求场景化，并将那些可复用的流程进行有机组合，显著提升了部门内部以及各部门之间的协作效率，降低了企业的运营成本。因此，企业需要结合自身的实际经营情况，围绕核心业务建设所需中台，同步推进技术工具、分析能力以及业务流程的数字化进程，尽快形成数据、技术、业务的完整闭环。这可以帮助企业建立完善的战略机制，促进企业实现良性发展。

5.2.3 中台建设的三大原则

建设中台需要耗费大量的资金和精力，如果不成功，企业将遭受巨大损失。为了降低试错成本，企业在建设中台时需要遵循三大原则，如图 5-3 所示。

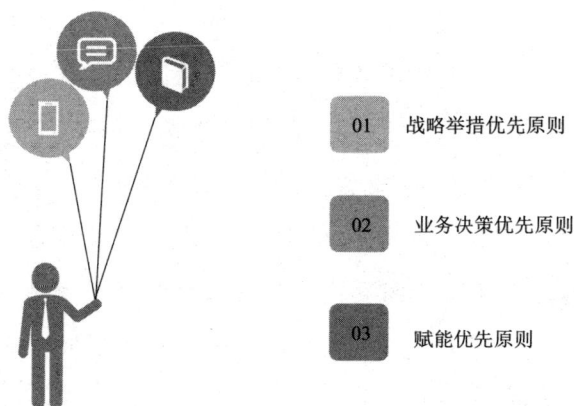

图 5-3　中台建设的三大原则

1. 战略举措优先原则

企业要将建设中台上升到战略举措的高度，这意味着企业需要打通业务部门与技术部门的决策通道，还要明确处理各项问题的优先级以及构建中台的职能分工。在明确战略方向后，企业还要定期对战略目标的完成情况进行核实。

2. 业务决策优先原则

通常情况下，中台战略会改变企业的业务形态，企业的业务部门因此需要围绕自身的发展战略，对业务决策进行调整。在明确中台规划以及中台与业务之间的协作关系后，企业就可以利用中台支撑前台的业务发展。

如果企业在建设中台的过程中严格遵循业务决策优先的原则，那么企业的业务诉求就可以在中台得到满足，这将显著降低中台的价值风险。

3. 赋能优先原则

在企业建设中台的过程中，降低运营成本和提升响应能力之间存在不可调和的矛盾，企业很难同时满足这两种需求。在将业务流程中台化后，企业就可以利用中台为业务赋能，从而找到这两种需求之间的最佳平衡点。

当企业将中台的建设工作提升到战略高度后，对于企业来说，中台就不只是一个成本中心。业务决策优先以及强化赋能的思路，会使企业的关注重点从是否显著降低运营成本、是否使用多项数字技术等表层问题，转移到业务收益的提升、业务结构的优化等深层次的问题上。

许多企业都曾尝试建设中台，但由于未遵循上述原则，导致中台形同虚设，企业架构的转型也严重受阻。数字技术的发展推动了共享生态的发展，中台可以帮助企业最大化地发挥数据的价值。中台将成为企业宝贵的数据资产，持续为企业赋能。

5.3　中台建设相关案例分析

在数字化转型趋势下，不少企业都积极打造中台，为数字化转型赋能。下面讲解两个中台建设的案例，以展现中台的价值以及对企业数字化转型的赋能作用。

5.3.1　医疗器械企业：打造数字化中台

某医疗器械企业主营医疗设备的生产和销售、医疗系统和试剂研发等业务，规模庞大。在数字化转型大趋势下，该医疗器械企业开始进行数字化转型，但遇到了很多困难。原因在于该医疗器械企业没有建立起直接面向消费者的平台，数字化营销受阻。

聚焦这一问题，该医疗器械企业运用互联网思维，通过数字媒体整合运营方式，实现内容线上化，并创建数据平台，使数据赋能销售。该医疗器械企业将线上推广与线下推广相结合，深度触达终端用户，以实现营销业务的数字化和轻量化转型的目标。

1. 确定数字化转型方向

随后，该医疗器械企业开展了营销活动，全面实施数字化运营战略，并确定了数字化转型的四个方向：

(1)打造整合型移动端媒体平台。无缝对接社交软件、直播平台、在线视频平台等主流媒体，实现多渠道触达终端用户。

(2)围绕核心产品产出高质量的内容。推出以医护人员和患者的需求为核心，包括学术研究、医护培训、患者教育等多个方面的线上内容。

(3)建立营销数据中台。通过数字化、端对端的数据管理，打通多个业务系统的数据，消除数据壁垒，实现海量数据的科学化管理。

(4)通过大数据分析结果赋能业务。通过数据中台分析营销链路上各环节的数据，进行指标追踪、内容推荐、内容迭代、活动效果监测等方面的分析，赋能业务，形成良性循环的数字化营销生态系统。

2. 数字化转型具体措施

该医疗器械企业进行数字化转型所采取的具体措施有以下几个：

(1)打造以用户需求为核心的内容平台。该医疗器械企业完成了公众号、门户网站和线下营销活动推广业务的重组，形成了以公众号为统一入口，以小程序内容平台为载体，对接第三方媒体平台的新型运营模式。该模式以用户需求为核心打造内容平台，借助移动端社交平台和媒体平台传播信息快捷的优势，拉近了与广大医护人员的距离，为其长期以来积累的优质医疗教育资源（如教学视频、活动、文章、学术论文等）营造了绝佳的传播环境。

(2)建立数据中台，整合数据资产，打通系统间数据壁垒。前端应用体系的形成，使得该企业在产品、医疗教育资源推广方面拥有了相对完备的工具基础。在此基础上,该企业建立营销业务数据中台。

①多应用、全链路数据打通,消除数据孤岛。该企业实现了公众号、小程序、直播平台、媒体平台等超过 10 个媒体平台数据的打通。

②打造全自动数据流水线。数据平台每天从前端各应用自动获取上百万条行为记录,通过数据清洗、去重、聚合等方式,输出可供各部门营销人员直接使用的干净数据。

③实现高度数据共享。该企业完成了销售、经销商、内容、医院主数据等核心数据与用户行为数据的打通,实现了业务和数据的无缝连接。

(3)结合业务场景,利用数据赋能业务增长。

该企业的营销数据中台初步建设完成后,强大的数据资产管理能力使其在业务支持方面更加得心应手,具体体现在以下几个方面:

①更快的数据处理速度。该企业基本实现了数据的自动化处理,极大地缩短了人工处理数据的时间。

②更及时的指标监控。该企业上线了业务指标手机看板,业务人员可以直接通过小程序实时查看用户访问、活动推广效果等数据。

③更智能的数据分析。该企业相继推出了用户分析、流量分析、市场覆盖分析、用户画像、医院画像等一系列营销分析服务,帮助业务部门发现问题、解决问题,辅助业务部门制定策略。

3. 数字化转型取得的成绩

数字化转型基本完成后,该医疗器械企业在内容运营、媒体整合、数据管理、销售赋能等方面都取得了显著的成绩,具体体现在以下几个方面:

(1)累计产出超过 1 000 篇原创内容,内容访问量超过 500 万人次,注册医护人员数量超过 70 万,覆盖全国超过 1 万家医院。

(2)移动端小程序对接超过 10 家媒体平台,利用数据中台的数据融合功能将自身平台用户数据与媒体平台流量数据打通,消除系统间的数据壁垒，实现了数据闭环管理。

（3）通过数据中台的数据整合能力，实现了指标监测、内容标签处理、用户标签处理、内容推荐，为内容运营、用户体验、业绩监测提供了数据支撑。

5.3.2　地产企业：搭建业务与数据双中台

在进行数字化转型的过程中，很多企业在打造中台方面都采取了双中台战略，即搭建业务与数据双中台。下面以某地产企业为例，详细讲解双中台战略。

为加快推进企业的数字化转型进程，响应数字化时代市场的新需求，某地产企业着力打造智慧交易模式，并建立起智慧交易的强大支柱——双中台。

该地产企业与中台服务商合作建立了业务中台的五大中心，分别是用户中心、产品中心、交易中心、营销中心和客户中心。用户中心主要负责用户管理、组织管理、权限管理和角色管理；产品中心主要通过对项目和房源的监控，为开盘期业务和常销期业务赋能；交易中心以项目交易为核心，为认筹、认购等交易环节赋能；营销中心主要负责营销活动策划、执行、推广；客户中心的主要作用是客户资料管理和客户关系维护。

在业务中台的基础上，该地产企业围绕数据服务与数据分析两大模块建立数据中台，主要有以下五个步骤：

1. 打通内部数据

该地产企业通过打通内部数据奠定企业内部各系统数据分析的基础。针对客户和项目在不同业态、不同系统下的数据存在歧义的情况，该地产企业采用项目映射打通项目数据和客户数据，构建全面的数据服务。此外，该地产企业采集内部各系统中的数据，围绕业务构建项目、渠道、客户、营销、订单和工单六大主题域，为后续数据挖掘和专题分析奠定坚实的基础。

2. 构建数据模型

该地产企业通过构建数据模型分析自身的销售力和风险指数。该地产企业利用数据挖掘算法，构建风险指数和销售力两大模型，为营销、风险管控提供精准的数据服务。其中，风险指数基于订单风险、异常行为等维度来评估销售人员的风险情况，从而辅助风控、监察等相关人员进行科学的风险管控；销售力模型从储客、转化、跟客和合规情况四个维度出发，助力企业进行销售战略优化。

3. 输出数据专题分析报告

该地产企业输出数据专题分析报告，以辅助业务人员进行查询、分析和汇报。该地产企业根据地产分析、营销月报等专题报告，挖掘成交用户的特征和潜在用户的购买意向，帮助业务人员进行业绩汇报和数据分析。

4. 构建统一视图

该地产企业基于项目、客户、经纪人和置业顾问四类对象构建统一视图，洞察各类对象的现状和问题，为各业务系统提供数据支撑。

5. 满足数据全流程的工具需求

该地产企业为项目开发人员和业务人员提供数据开发、网关、埋点工具和标签平台等数据工具，满足从数据采集到应用的多种工具需求。

基于双中台，该地产企业的智慧交易取得了显著的成果，在数字化转型中实现了跨越式的自我突破。双中台是企业数字化建设的重要手段，企业需要在保留核心业务的基础上运用好数字技术，灵活多变，顺应数字化时代的发展。

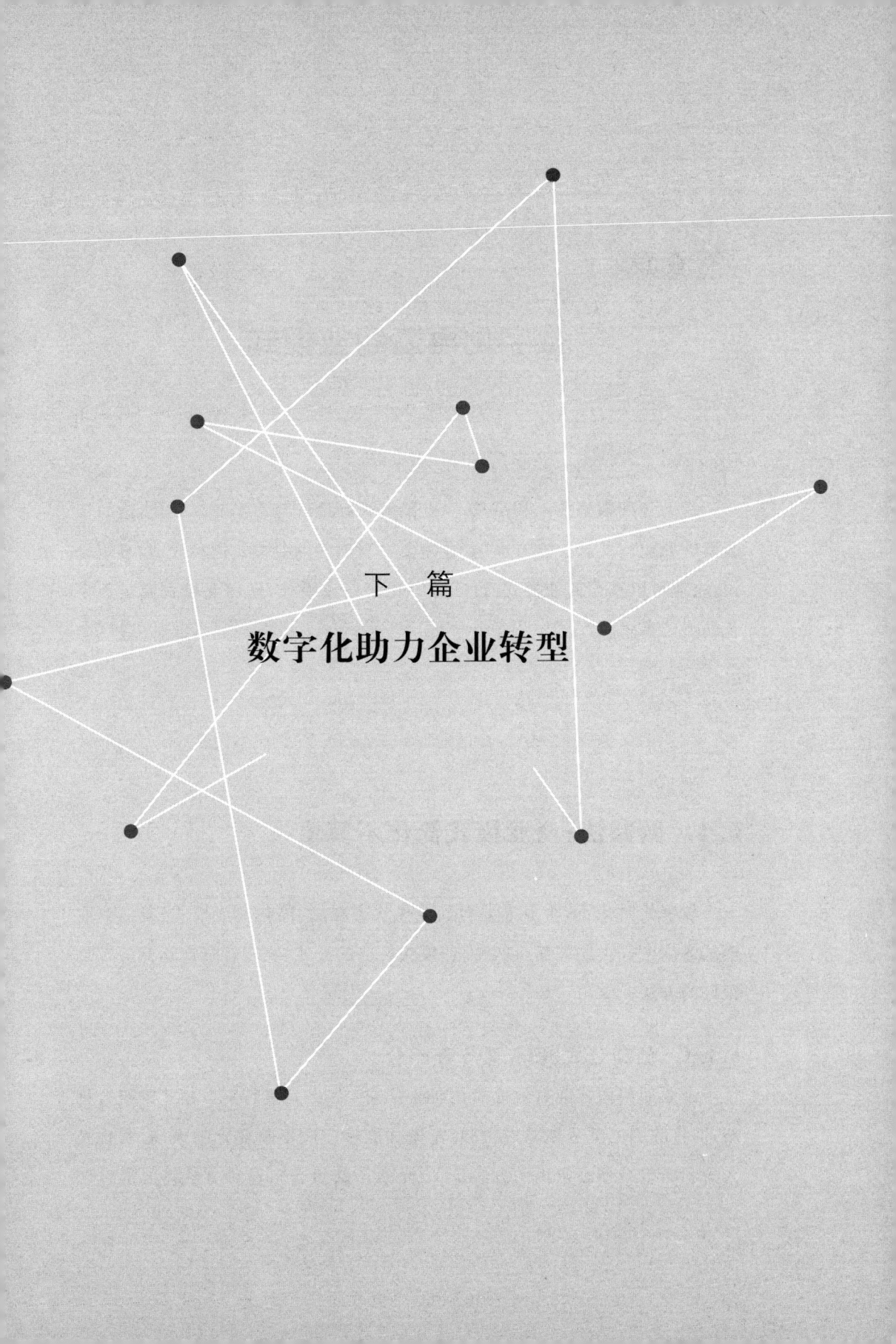

下　篇

数字化助力企业转型

第6章

数字化再造商业模式

借助各种数字技术和工具,企业能够更好地应对市场需求变化,进而塑造新的商业模式。在这方面,企业需要对当前的商业模式进行改造,具体来说,企业可以精简商业模式、设计数字化的商业模式,使商业模式满足数字化转型的需求。

6.1 做减法:商业模式简化不简单

数字化时代下,企业需要对商业模式做减法,简化商业模式,激活商业模式的活力。在这方面,创新商业模式打造的公式、实现轻资产运营等都是很好的方法。

6.1.1 创新公式:旧元素＋新组合

企业如何做才能有效地简化商业模式?答案是进行商业模式的组合创新,即将陈旧的部分剔除,使得商业模式能够适应不断变化的市场,实现长久盈利。组合创新常用的方法是"旧元素＋新组合",这种方法需要通过四个步骤完成,如图 6-1 所示。

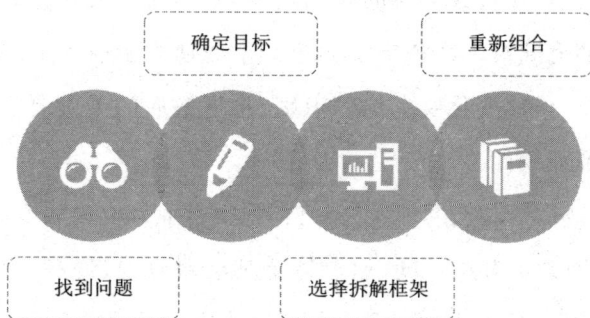

图 6-1　实现"旧元素＋新组合"的四个步骤

1. 找到问题

企业想要进行商业模式的创新,必然是看到了问题或意识到存在潜在问题。例如,某工厂原料成本高,经核查,原来是原料供应商少导致的。

2. 确定目标

找到问题之后,企业就要明确商业模式创新的目标是什么。例如,原料供应商少,那么企业可以多寻找供应商,降低原料成本,防止一家独大。

3. 选择拆解框架

选择拆解框架是组合创新的关键点。组合创新有两种拆解方法:一种是目标导向型,先确定目标,再拆解重组,主要解决富有挑战性的问题;另一种是新机会探索型,先拆解要素,再进行组合,主要用于解决创新性问题。

使用新机会探索型拆解框架时,企业首先要确定行业边界,然后将商业模式拆解为供给端、连接端、需求端三个部分。需求端也是用户端,用户会在功能场景和情感方面对产品产生偏好。供给端是生产端,是制造产品的一端,以产品的价值链与特性为拆解依据。连接端涉及线上、线下、物流、资金流、信息流等方面,为需求端与供给端建立联系搭建了桥梁。

4.重新组合

重新组合是商业模式创新的破局之道,对内能够梳理企业业务及核心能力,对外能够避开对手锋芒错位竞争。企业通常会引入 PEST 模型和波特五力模型对十倍速变化要素加以识别,将拆解后的关键要素进行重新组合,形成新的商业模式。

PEST 模型是指对宏观环境的分析,根据行业和企业自身情况的不同,PEST 模型的因素也有所不同,但总体上都会对政治、经济、社会和技术因素进行分析。而波特五力模型是对行业内决定竞争规模和程度的因素进行分析。"五力"是指竞争者的竞争能力、潜在竞争者的进入能力、替代品的替代能力、供应商的讨价还价能力和购买者的议价能力。

想要对商业模式进行拆分重组的企业往往会从这些因素出发,从需求端的市场入手,发现潜在的问题,从而进行后续一系列的拆分重组。

下面以白酒行业著名品牌江小白为例进行说明。我国白酒市场规模庞大,市场中具有竞争力的头部品牌较多,如茅台、五粮液、泸州老窖等。为了在市场上争夺一席之地,江小白决定打破原有商业模式,将其重组,破局白酒红海。因此,江小白利用新机会探索型拆解框架将自身的商业模式拆解为需求端、连接端和生产端。

1.需求端

依据用户的年龄,江小白将需求端的用户划分为"80 前""80 后""90 后""00 后"四大类。而根据用户的诉求、功能场景和情感需求的不同,白酒被划分为高、中、低三个档次。不同年龄段的用户依据功能场景、情感需求的不同会选择不同档次的白酒。例如"80 前"用户为乔迁新居的朋友送礼往往会选择高端白酒;"90 后"用户朋友之间私下小聚,通常选择量大味烈的中、低档白酒。

江小白还发现,市场上的主流白酒品牌,如茅台,一直主张白酒的经典口味。传统白酒味道醇厚浓烈,度数普遍较高,而且往往是大于 500 毫升的标准瓶,配以高档的外观包装。这些特征都是为了迎合"80 前"的用户,因为"80 前"的用户将白酒作为文化和身份的象征,往往用来送礼或收藏。

而"80 后""90 后"用户对传统白酒的象征意义并不买单。于是江小白决定开拓年轻人白酒市场蓝海,通过商业模式的创新重组打造一个年轻的白酒品牌,为"80 后""90 后"用户定制白酒。

2. 连接端

江小白对连接端也进行了拆解重组。为了让更多人了解自己的品牌,江小白在营销环节投入了大量精力,例如,采用 UGC(user generated content,用户生成内容)策略,借助微信朋友圈,实现用户的快速裂变,让越来越多的年轻人对江小白建立了清晰认知。

并且,江小白还打造了两个线上白酒社区,用户可以在社区中分享品鉴经验,寻找志同道合的酒友。用户还可以在社区中为江小白提出建议,这极大增强了用户黏性。而在线下,江小白的创意瓶身和小众文案迅速流行出圈,吸引了很多年轻人的目光。

江小白的成功出圈并不仅仅由于其商业模式的创新重组,更在于它将单一要素最大化,例如,聚焦"80 后""90 后"用户私聚时的情感需求,在线上实现用户口碑裂变传播,从而实现破局。

在企业内部,江小白通过招募熟悉亚文化的新媒体运营人员,持续产出吸引年轻人的文案;由白酒行业老员工镇守后方,稳定产品质量。

在企业外部,江小白通过一系列的创新举措,与主流品牌形成错位竞争,深耕年轻人中端市场,慧眼独具加大胆创新,因此获得成功。

3. 生产端

年轻人喜欢白酒柔和清香的口感,偏爱方便自饮的小规格包装,饮酒的场景大多为朋友聚会而非正式场合。因此,江小白将白酒定义为一款年轻人的情绪型饮料,对其进行了新口味、新文化、新场景的产品升级。江小白的白酒大多为低度酒,口感是年轻人喜爱的清香型,同时采用小规格瓶装,瓶身上还有年轻人感兴趣的各种流行图画与文案。

6.1.2　轻资产运营:数据就是资产

数字技术与经济的融合,催生了新的商业模式。这一变革推动传统行业的企业由重资产运营模式转变为轻资产运营模式,实现了商业模式"减负"。

数据作为企业宝贵的新型资产,驱动着商业模式智能化变革。生产经营活动中产生的各种数据成为企业发展的新型生产要素。其易于共享、便于流转、智能化等特性,为企业运营注入了新活力。数据的共享将企业经营的各个环节紧密相连,不仅加速了各生产要素的流通、降低了运营成本,更开创了新的价值创造模式。随着企业在数据收集、处理和存储等方面的能力不断提升,其生产和决策也日益智能化。

数字化浪潮推动企业生产模式向以消费者和服务为核心的智慧化生产模式转变。智慧化生产以规模化定制和服务化延伸为特点,不仅提升了产品质量,还能灵活地利用各种生产要素创造价值。这促使企业生产变得更加精准,由大规模生产转变为大规模定制,最终促进整个产业结构的升级。在智慧化生产的大背景下,企业纷纷以用户需求为导向,构建以服务为核心的轻量化资产结构。

数字化转型为企业智能化、创新化发展按下了加速键。数字技术的深度应用降低了创新风险,帮助企业明确了创新方向。跨地域、多元化、高效率、开放、协同的商业模式不断涌现,众筹、众创、众智平台层出不穷。

数字化对企业产品从设计到使用的每一个环节都发挥着关键作用,激发生产要素的累积效应,创造出具有颠覆性的创新产品,使企业在"减负"的道路上越走越远。

6.1.3　借助亚马逊的插件简化业务流程

高效的工具是企业成功运营不可或缺的关键因素,对于跨境电商企业而言更是如此。例如,在利用亚马逊这一强大的跨境电商平台开展业务时,企业可以通过采用合适的插件工具来简化复杂的业务流程,进而显著提升工作效率,为企业的长远发展奠定坚实基础。具体而言,企业可以选择的几种插件工具如图 6-2 所示。

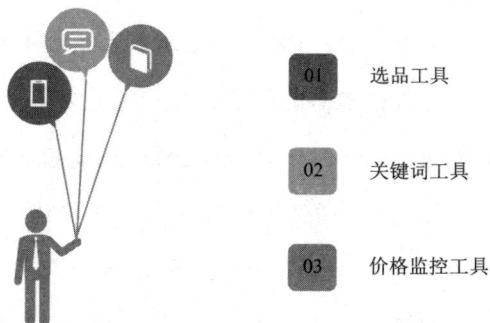

01	选品工具
02	关键词工具
03	价格监控工具

图 6-2　企业可以选择的插件工具

1. 选品工具

(1)Amazon Product Finder-AMZScout PRO。这是一款寻找亚马逊热销爆款产品的插件。通过这款插件,企业可以寻找优质产品,获得更多盈利。企业还可以查看细分市场历史数据、市场需求情况的变化、了解细分市场受欢迎的产品是什么等,据此提出合适的采购策略。

(2)BigTracker。该插件可以用来进行产品研究和搜索,帮助企业选品。企业可以通过该插件追踪竞品动向、了解产品的预付销售额、交易金额等,从海量产品中挖掘出最具潜力的产品。

2. 关键词工具

（1）AsinSeed。该插件可以帮助企业查询竞品的核心流量词，让企业了解哪些关键词可以带来更多流量，进而进行相应的关键词优化。

（2）Amazon Merchant Words Keyword Research Tool。该插件可以比较关键词索引，帮助企业查找被竞争对手编入索引但并未被自己编入索引的关键词。同时，该插件可以实现关键词每日更新，让企业了解最新的关键词和搜索数据。

3. 价格监控工具

（1）Keepa-Amazon Price Tracker。这款插件可以实现历史价格追踪，让企业了解产品的历史价格走势，进而预估产品的未来价格。企业也可以借助该插件了解竞争对手的产品定价，做出科学的定价决策。

（2）The Camelizer。这款插件可以监控竞品的价格。在竞品的价格下降时，该插件会向企业发送邮件进行提醒，便于企业根据竞品价格的变化对自己的产品定价进行调整。

6.2　从零开始：设计数字化商业模式

随着传统商业模式逐渐失去效力，企业应聚焦自身的核心业务，积极探索数字化商业模式。企业需要摒弃传统的依托流量盈利的商业模式，以数字化商业模式打通多条盈利路径，实现多元化盈利。这样有助于企业适应快速变化的市场环境，实现持续、稳定的盈利增长。

6.2.1　准备工作:放弃流量型商业模式

很多企业长久以来依赖传统的商业模式,即通过流量的不断增长来实现营收的增长。然而,流量增长并不总能带来营收增长,反而需要企业投入高昂的成本去获取和维护流量。对流量的高度依赖会使企业面临巨大的经济压力,而且,随着流量获取成本持续攀升,企业的盈利能力会下降。最终,流量型商业模式在激烈的市场竞争中逐渐暴露出弊端,使企业陷入困境,甚至走向衰败。

与此同时,企业的经营习惯、同质化的产品与服务进一步加速了流量型商业模式的沦陷速度。如今的企业大多没有摆脱思维定式,依然将流量作为增效降本的秘密武器。而每一次的技术升级都会引领全新的战略风向,这就导致了价格战。

"9.9元包邮"是打造爆款产品较为常用的营销方式之一。这种方法可以在短时间内提升产品销量,但只能为企业带来与品牌定位不一致的、无法提升复购率的流量,无法增强用户黏性、提升曝光度。

事实上,过度依赖流量的企业很难获得长足的发展。在激烈的市场竞争中,企业必须认识到,真正的竞争力来自对用户需求的深入理解、对品牌价值的精准定位,以及对创新战略的不断探索。只有摆脱对流量的盲目追求,回归商业本质,企业才能在数字化变革中找到新的出路,实现持续、健康的发展。

6.2.2　提高收入,实现稳定盈利

为了实现商业模式的稳定盈利,企业在设计数字化商业模式时需要聚焦营收,实现收入的多频化与多元化。

1.收入多频化

收入多频化的核心理念是增强用户黏性,即让用户购买产品成为企业

与用户建立关系的开始。在与用户建立了关系后，企业要创建粉丝群，围绕用户升级产品、开发新产品和服务。

用户购买产品的最终目的不是获得产品本身，而是使自己的需求得到满足、问题得到解决。从这个角度出发，企业可以找到许多收入多频化的方式。

（1）会员制。会员制的核心是企业和会员建立双边关系，企业给会员提供更好的服务，会员反馈给企业更忠诚的消费行为。这种关系的建立不仅是基于交易，更是基于相互的信任和共同的价值观。

企业通过为会员提供个性化、定制化的服务，如优惠折扣、积分兑换、专属活动等，让会员感受到被尊重和重视。同时，企业还通过定期沟通、问卷调查等方式，了解会员的需求和反馈，不断优化服务体验，增强会员的归属感和忠诚度。

会员则以更频繁的消费、更高的客单价、更积极的口碑传播等方式回馈企业。他们的忠诚行为不仅为企业带来了稳定的收入来源，还降低了企业的营销成本，提高了市场竞争力。

（2）产品＋耗材模式。这是一种常见的商业模式，特别是在那些需要定期更换消耗品的行业。该模式的核心是销售一个主要产品，然后提供与该产品配套使用的耗材，从而确保客户在长期使用过程中能够持续购买，为企业带来稳定的收入流。

例如，剃须护理品牌吉列开创了"产品＋耗材"的模式，通过廉价剃须刀获取用户，销售高毛利的刀片持续盈利。

（3）产品＋配件。虽然"产品＋配件"的模式和"产品＋耗材"的模式看起来相似，但配件模式更有难度。耗材模式是先用产品锁定用户，让用户必须购买。而配件模式是通过个性化的可选方案，满足更多用户的需求。一般消费频率高的产品，大多选择耗材模式；而消费频率较低的产品，大多选择配件模式。

（4）产品＋服务。服务可以分为两种：一是设备服务，如检修、保养等；二是数字化时代的信息服务，如监测、控制、自动化等。企业要想摆脱红海竞争，就要转变思维方式，从产品模式转化为"产品＋服务"的混合模式。

2. 收入多元化

可以将收入多元化理解为"多找几只羊来薅羊毛"或者"让羊毛出在猪身上"。

（1）混搭模式。"混搭"是指将不同行业的产品根据消费者的使用场景融合在一起，从而提升销量。这种模式的关键在于跳出固有的行业观念和惯性思维，真正以用户为中心思考问题。只有这样，才能解锁混搭的各种可能性。

（2）引入第三方。对于企业而言，用户流量可以带来巨大的价值。如果企业想要增加收入，就需要引入愿意为企业的用户流量付费的第三方。引入第三方会改变企业的盈利结构，企业的收入不再只来源于用户，成本也不再只由自己负担，而是既有来自用户的订单，也有来自第三方的订单，也分摊了一部分成本给第三方。

（3）双层架构。双层架构与"产品＋配件""产品＋服务"模式相似，但双层架构是以平台为载体。简单来说，双层架构就是建立基础平台和上层平台，分别提供不同的产品和服务，以吸引不同需求、精准的用户群体。

设置双层架构，企业要牺牲基础平台的一定利润，以吸引更多用户，为上层平台奠定盈利的基础。另外，企业要明确基础平台和上层架构的侧重点：基础平台以价格取胜，因此尽量选择在基础平台上销售高频的产品和服务；上层平台中应有与基础平台存在强关联的应用场景，否则用户很难转化。此外，上层平台的产品要有高性价比，不能一味追求暴利。

在市场经济环境日新月异的背景下，企业采取多元化经营策略已成为有效分散经营风险的关键手段。通过涉足不同行业、生产多样化产品以及提供丰富多样的服务,企业能够稳固其日常运营基础,并进一步实现协同效应的最大化。多元化的发展路径不仅有助于企业在管理、广告、销售等各个环节实现协同增益,还能显著提升整体生产效率。

在企业持续发展的过程中,随着科技不断进步、管理方法的持续优化以及企业发展方向的调整,企业内部往往会积累起一定数量的富余资源,包括设备、劳动力等有形资源以及知识产权、商誉等无形资源。

若这些富余资源未能得到妥善利用,将不可避免地导致人力和财力的巨大浪费,进而增加企业的运营负担。然而,通过实施多元化经营模式,企业能够将这些富余资源转化为新的增长点,从而创造出更为可观的经济效益。

6.2.3 拼多多:基于"社交＋拼团"的商业模式

在电商行业的激烈竞争中,拼多多凭借独特的"社交＋拼团"的商业模式,从零起步,迅速崭露头角。通过巧妙结合社交网络的力量和拼团购物的魅力,拼多多不仅为消费者带来了前所未有的购物体验,更在市场中开辟了一片新天地,成为电商领域的一匹黑马。

从创立到 IPO 上市,拼多多仅用了两年多的时间。2018 年 7 月,拼多多在上海和纽约两地同时敲钟,以股票代码"PDD"上市。上市当天,其市值达到 351 亿美元。

那么,拼多多凭借什么快速成长,成为一家互联网巨头?答案是其采用数字化的商业模式。

拼多多依靠"社交＋拼团"的模式发展。其通过微信提供的流量入口打造庞大的流量池,快速奠定社交模式的基础,拼团模式所必备的支付工具也可以通过微信支付轻易解决。

如此一来,拼多多借助腾讯的流量,吸引更多的人加入网购,通过拼单、砍价等玩法吸引消费者将链接分享到微信群、朋友圈,促使消费者拉好友以享受活动的优惠。这样,一方面能够增强用户黏性,另一方面可以提高交易频次,快速建立新的生态圈。

拼多多创始人黄峥曾表示,拼多多做的永远是匹配,将好的东西以优惠的价格匹配给合适的人。他在给股东写的信中说:"拼多多建立并推广了一个全新的购物理念和体验——'拼'。"

"拼"既是拼团也是拼价,拼团建立在成熟的社交商业模式基础上,如腾讯的微信社交;拼价建立在成熟的电商模式基础上,如顺丰的物流、相对成熟的电商体系、强大的制造业支持。

事实上,拼多多的成功不仅源自其新颖的销售战略,还源自其不断创新变化的数字化商业模式。例如,拼多多力求通过大数据为用户定制差异化、个性化的新式电商。其推出的"新品牌计划",使得大规模、定制化的 C2M(customer to manufacturer,从消费者到生产者)模式成为可能。

拼多多将原有的商业模式与数字化战略进行了有机结合,同时不断创新自身独有的"拼团"模式,颠覆了现有的行业格局。可以说,拼多多的成功具有必然性,其数字化战略值得大多数的创新企业借鉴。

6.3 内外发力:改造现有商业模式

在数字化浪潮的推动下,企业面临着对传统商业模式进行深刻变革的紧迫需求。为了迎接这一挑战,企业必须内外兼修,借助互联网平台的力量并积极构建自身的数字化平台,全面发力,对现有商业模式进行彻底的数字化改造。这不仅是企业适应新时代发展的必然选择，更是其在激烈市场竞争中立于不败之地的关键所在。

6.3.1 两大方向：借助互联网平台＋打造自有平台

企业改造自身商业模式有两大方向：一是借助互联网平台寻求资源，推进商业模式数字化转型；二是打造自有平台，连接上下游更多资源，促进商业模式的数字化转型。

1. 借助互联网平台

在面临资源不足的问题时，企业可以向其他企业寻求帮助。例如，资源不足的中小型企业，可以借助互联网平台的流量，快速扩大规模，加快数字化转型进程。

例如，家居企业居然之家借助互联网平台提升产品销量。居然之家与阿里巴巴合作，共同推出一个全新的平台——"躺平设计家"平台。居然之家利用线上平台的大数据算法，向用户精准推荐产品，为用户提供了在线上选购家居产品便捷、新颖的购物体验，进而有效导流至线下门店。居然之家还注重提升自身的服务水平和产品质量，确保线上线下业务的同步发展。通过商业模式的创新升级，居然之家实现了快速发展，产品销量显著增长。

使用这种方案改造商业模式的企业应该将注意力放在自身价值链最核心的环节，通过互联网平台成功实现商业模式变革，加快数字化转型步伐。

2. 打造自有平台

实力雄厚、资源丰富的企业可以通过深入挖掘并整合自身的资源和能力，进一步拓展业务边界，吸引更多元的用户群体。企业也可以根据自身的特色和优势自建平台，打造"护城河"。这个平台可以是企业利用信息技术在互联网上搭建的平台，也可以是企业整合上下游时帮助自己获取更多资源的虚拟平台。

例如,平安集团依托"专业、自主、稳定、安全"的优势打造了一个金融云平台——"平安云"。平安集团是一家综合性金融服务企业,一直将"成为国际领先的个人金融生活服务提供商"作为自己的发展方向,坚持开源和自研相结合的发展路线。

"平安云"这一"护城河"主要是通过海量数据与新型基础架构模型相结合的方式被创造出来的。它是平安集团技术领域的创新,提高了平安集团的业务效率,保障了平安集团的数据安全,加快了平安集团数字化转型的速度。

小米也一直致力于打造"护城河"。小米的"护城河"与平安集团的"护城河"不同,它是一个虚拟的平台,核心在于对供应商资源的深度整合与控制。具体而言,小米不再让上游零部件供应商单方面决定产品的生产周期,而是通过战略投资,持有这些关键厂家的股份,从而牢牢掌控关键资源。

因此,企业在自建平台时,首要的任务是深刻理解并挖掘自身的核心能力,同时积极整合上下游资源。通过这样的方式,企业可以打造出真正符合自身特色和需求的专属平台,从而在激烈的市场竞争中脱颖而出。

6.3.2　联合利华:内外联动,实现价值最大化

规模庞大、业务成熟的大型企业可以将借助互联网平台和打造自有平台两种方案结合起来使用,实现内外联动,挖掘商业模式的更大价值。

例如,联合利华就将这两种方案结合,做到双管齐下。在善借外力方面,联合利华与阿里巴巴旗下的天猫平台达成合作,推动数字化能力共建。联合利华通过天猫平台及时获取用户需求,并加快研发符合用户需求的产品,提升产品销量。除此之外,联合利华还根据用户的反馈信息对产品进一步优化,通过借助外力实现加速成长。

在数字人才培养方面,联合利华发布了"联合利华＋985 高校数字化人

才共建"计划。这个计划主要是将联合利华作为优秀高校人才的实习基地，目的是培养数字化人才并对其赋能，促进整个行业数字化转型的进程。

在自建平台方面，联合利华创建了"U 创孵化器"平台，为新锐品牌提供一个发展的平台。这个平台将联合利华和多种多样的新锐品牌连接，营造了透明、公平的市场环境，满足双方的需求。"U 创孵化器"平台还与外部企业合作，为新锐品牌提供资源，在促进新锐品牌进一步发展的同时，也带动了联合利华一起发展。

大型企业进行数字化转型应该"两条腿走路"，让企业内部、企业外部都能得到良好的发展，实现内外双循环，沉淀更多用户资源，促进销量增长。

第7章

数字化变革下的组织变革

企业进行数字化转型,应对组织架构进行相应调整,以实现组织的数字化变革。在这一过程中,确保数字化组织的灵活性至关重要,有助于企业迅速适应市场变化和业务需求。此外,基于数字化组织推动企业文化的迭代同样不容忽视,这有助于形成与数字化时代相契合的价值观和行为准则。同时,企业应积极掌握并运用各种数字化工具,以多样化的手段提升工作效率,推动转型顺利进行。

7.1 数字化组织:够灵活是关键

搭建数字化组织的核心目的在于,通过推动组织的数字化变革,使组织实现更为高效、灵活的运作。为此,企业必须优化其组织架构,提升组织的敏捷性和适应性,以确保组织能够更好地为业务提供有力支持,并持续赋能业务的快速发展。

7.1.1 大方向:科层制→平台型

很多企业在刚成立时,都是采用科层制的组织架构,即企业管理者位于权力金字塔顶端,员工则根据职位的高低被划分为不同的职级。在这样的模式下,权力集中在管理者手中,了解用户的员工拥有的权力较小。

在科层制组织中,一线业务人员没有决策权,任何决策方案都要层层审批。在这个过程中,容易导致数据丢失、信息传递失真等。企业管理者基于这些信息做决策,决策的风险很高。

为了让产品能够更加迅速地适应市场变化,以产品为核心的平台型组织应运而生并蓬勃发展。在这种组织架构下,每一款产品都配备了独立的开发、运维、人力资源和培训团队。这些团队紧密协作,确保产品的持续优化与升级。

例如,为了提高对市场需求的响应速度,某企业对组织架构进行了调整。之前,该企业的组织架构以区域市场为维度,按照国家、地区、城市划分,每个区域都有各自的业绩目标。这些目标是由上百个产品共同实现的,各个区域的策略不同,资源配置的方式也不同,一些还有发展潜力的产品可能会因此被忽略。该企业以品牌和品类为中心,制定了与品牌和品类相关的策略和目标,寻求在全球市场上的成功,而不是在某个区域市场上获得成功。

平台型组织还需要更敏捷地响应前端的用户需求,例如,为了参加"双11"促销活动,组织集中力量满足一时的需求,但是活动过后,整个供应链会闲置,产生成本浪费。但如果采用开放型组织架构,企业就可以通过整合社会资源来满足临时的高需求,然后等活动结束后,再让资源回归社会,从而节约资源。

从传统组织到平台型组织,企业的组织架构越来越灵活、敏捷,权力的作用被逐渐弱化,产品、用户、需求成为中心。

7.1.2 培养敏捷、高响应力组织

未来,无论企业的组织形态如何变化,都会拥有一致性和自主性这两大特质。这两种特质的强弱将直接决定组织的运作模式,具体如下:

(1)低一致性、低自主性:企业管理者发号施令,团队执行。

（2）高一致性、低自主性：企业管理者告诉团队要做什么，以及怎么做。

（3）低一致性、高自主性：团队各行其是，企业管理者没有实权。

（4）高一致性、高自主性：企业管理者提出需要解决的问题，团队寻找解决方案。

企业中的所有员工为了一致的目标完成具有创造性、挑战性的任务，这就是未来的组织形态。因此，企业需要培养具备高度灵活性及较强响应能力的组织。

企业可以利用价值驱动决策，提升组织的响应能力。价值驱动决策的本质是根据产品及业务的价值确定企业接下来的发展方向。价值驱动决策致力于实现投资、管理价值的最大化，它会为企业的战略目标匹配最契合的执行方针，显著增强企业的市场响应能力。企业可以通过以下步骤实现价值驱动决策：

第一步，规划发展战略。企业的所有部门需要在业务管理机制方面达成共识，并从组织架构的层面出发，对企业的商业愿景、目标、行动方案等进行规划。这需要企业以用户为中心，并及时根据市场反馈对发展战略进行调整。

第二步，建立可量化、可视化的待办事项列表。制定发展战略后，企业需要将其中的每个愿景、目标进行可视化处理，并且对每项行动方案进行深度分析，设定指标，建立可视化的待办事项列表。

第三步，建立评审与决策机制，对待办事项列表进行审核与调整。评审与决策机制需要由项目负责人、业务人员、市场运营等共同决定，同时，他们还需要对项目的用户反馈、运营数据等资料进行整理，并对是否调整项目战略、各个决策专题的优先级等问题进行深度推演。

第四步，选择最佳的项目实施方案。通常情况下，策划团队会提出多个项目实施方案，企业需要根据评审结果对这些方案进行拆解，将优先级最高的专题规划到即刻实施的版本中，形成几个不断迭代升级的滚动式方案，并将最佳的实施方案交付给研发团队,以便研发团队进行后续的研发工作。

价值驱动决策是培养高响应力的敏捷组织的一种绝佳方式,会促使企业根据商业愿景制定最适宜的项目策略,还会促使企业根据市场反馈持续对项目策略进行调整。

7.2 组织、文化不分家:建设赋能型文化

组织与文化的联系十分密切,组织内部体现出的价值观、行为准则等,都是企业文化的具体体现。同时,文化深刻地影响着组织的运作。因此,在进行组织变革时,企业需要建设良好的文化,以文化为组织赋能。

7.2.1 建立并践行企业愿景

清晰、明确的愿景是企业成长的基础。企业需要建立明确的愿景并践行愿景,以引领组织与业务发展。在这个过程中,企业需要把握五个环节,如图 7-1 所示。

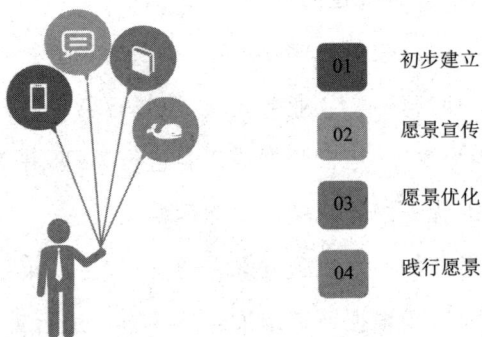

图 7-1 建立并践行企业愿景的五个环节

1. 初步建立

在建立愿景之初，企业管理者需要在企业内凝聚共识，并让员工参与到企业愿景建立的过程中，进而明确初步的企业愿景。企业管理者可以根据企业发展蓝图及组织特性设定一个初步的愿景，并向员工传达这一愿景。

之后，企业管理者要召开关于愿景的讨论会议，鼓励员工表达自己的想法，提出对于愿景的意见或建议。通过讨论，并结合员工的观点，企业管理者可以对愿景进行优化，形成一个凝聚共识、更具操作性的企业愿景。

2. 愿景宣传

企业要对愿景进行全方位、多渠道的宣传，例如，可以将愿景制成小册子、制成宣传录像来反复宣传，使之深入人心。在这个过程中，企业管理者要身体力行，在实际情境中以身作则。

企业管理者要用实际行动引导员工接受并践行愿景，上下一心，一起为实现愿景努力。同时，企业管理者应与员工保持沟通，鼓励他们自发地宣传愿景。

3. 愿景优化

在宣传愿景的过程中，企业需要搭建多种信息反馈渠道，通过邮箱、调查问卷等方式收集员工对愿景的反馈。然后，企业管理者要综合分析这些反馈，对愿景进行优化，使愿景更加科学，确保其符合企业的实际情况和发展需要。

4. 践行愿景

在践行愿景方面，企业需要建立起与愿景相匹配的文化，以文化激发员工的热情，引导员工践行愿景。例如，企业愿景强调为用户提供优质服务，那么企业文化建设就应该围绕"以用户为中心"进行，将提升用户满意度作为工作指导方针。

践行企业愿景需要全员参与。对此，企业管理者可以定期召开员工会议、举办培训讲座等,加强员工对愿景、文化的认知与理解。此外,企业管理者可以设置一些奖项,如十佳员工奖、团队合作奖等,以表彰在践行企业愿景和企业文化方面表现出色的员工。

7.2.2　在业务部门与技术部门之间"搭桥"

在组织文化建设的过程中,企业应当在业务部门与技术部门之间搭建坚实的桥梁。这样的连接能够打破传统的组织边界,推动文化融合与交流,进而塑造一个更加开放、包容的文化氛围。通过促进业务部门与技术部门的紧密协作,企业可以汇聚双方的专业优势和创新力量,实现稳健成长和持续发展。

随着企业在经济、文化等不同领域的深入发展,员工接触到的信息也更加丰富,他们的思维模式也发生了转变,能够在经营运作、产品开发、战略部署等方面提出更深层次的意见与想法。建立业务部门与技术部门之间的连接,形成开放、协作的工作环境,俨然成为新时代企业发展的主旋律。

以阳光保险集团为例,业务部门与技术部门的连接帮助它拓展了企业边界,形成了开放协作的管理格局。近年来,为了提高市场占有率、更好地满足用户需求,阳光保险集团加强了业务部门与技术部门之间的合作,积极实施拓展边界的战略,实现了用户洞察、产品创新、风险管控、营销运营等多个环节的数字化管理,取得了很大的成就。

在实现了业务部门与技术部门的连接后,阳光保险集团的机动性得到了显著增强,可以更好地借鉴先进企业的优势弥补自身的劣势,提高了应对风险的能力和市场竞争力。

如今,全球化的步伐逐渐加快,业务部门与技术部门建立连接已成为企业不可或缺的战略选择。这种跨部门协作有助于企业从实际市场需求出发,精准把握产品定位,进而提升各部门间的协同作战能力。通过这一合作模式,企业能够以前瞻性的思维和策略,敏锐洞察市场发展趋势,并精准找到突破口,迅速抢占市场先机,为长远发展奠定坚实的基础。

拓展边界、开放协作不仅是经济发展的必然趋势,更是推动企业形成全面开放新格局的重要动力。因此,企业必须紧跟时代发展步伐,深刻把握时代特点与自身的实际需求,积极促进业务部门与技术部门之间的连接与融合,制定开放协作的发展路径,实现高效、创新性的发展。

7.2.3　奈飞:以创新文化驱动数字化转型

良好的文化氛围能够增强企业凝聚力,促进企业高质量发展。在数字化转型过程中,企业可以通过创新文化,激励员工更好地参与到数字化转型工作中,加快数字化转型进程。奈飞便是此方面的杰出代表,其成功塑造了一种鼓励数字化创新的企业文化,有力推动了自身的数字化转型进程。

奈飞是美国一家知名的流媒体播放平台,历经几十年的发展,逐渐成长为美国流媒体巨头。在奈飞看来,企业文化与业务流程、发展战略同样至关重要,甚至可以说是企业的灵魂所在。正是得益于拥有深厚的企业文化底蕴,奈飞成功打造出一支具备卓越数字化创新与内容生产能力的团队,推动效益实现爆发式增长,呈现指数级发展态势。

曾任奈飞首席人才官的帕蒂·麦考德将奈飞的企业文化总结为八大准则,如图 7-2 所示。

图 7-2　奈飞企业文化的八大准则

文化的构建是一个长期而持续的过程,不可能一蹴而就。在深入了解奈飞的企业文化后,企业可以遵循以下步骤打造自己的企业文化:

(1)明确并提炼企业文化的核心理念。这一理念应如同灯塔,照亮全体员工前行的道路。为了使其更具影响力和记忆点,核心理念应尽可能生动、简洁,以便员工能够铭记并付诸实践。

(2)将企业文化理念具象化,汇编成详尽的手册。这本手册将成为员工行为规范的参考指南,同时也是企业开展各项工作的基础准则。通过手册的形式,企业可以更加系统地向员工传达文化的内涵和价值观,从而加深员工对企业文化的理解和认同。

(3)创办企业内部刊物。创办企业内部刊物也是传播企业文化的重要途径。通过将企业文化融入生动的故事,并以内部刊物的形式呈现给员工,可以使其更加形象、具体地感受到企业文化的魅力。这种寓教于乐的方式将有助于更好地弘扬企业的价值观和文化理念。

(4)定期举办培训宣讲会和文化活动。通过反复学习和培训,员工对企业文化的认同感将逐渐增强。企业可以组织多样化的活动,如演讲比赛、辩论赛、文化心得分享会等,让员工在轻松愉快的氛围中接受企业文化的熏陶,并自发地在日常工作中践行文化理念。

(5)发挥管理层的示范作用。正所谓"上行下效",管理层的示范作用在企业文化建设中具有举足轻重的地位。管理层应以身作则,在言行举止中践行企业文化。这样,员工会受到感染并效仿,从而形成强大的企业凝聚力和向心力。

良好的文化氛围不仅能够增强员工对企业的认同感,还能显著提升企业的凝聚力和核心竞争力。因此,企业应从奈飞的八大文化准则中汲取灵感,以企业文化为引擎助推技术和产品实现创新发展,在激烈的市场竞争中占据有利地位。

7.3　空间重构：充分利用数字化工具

在推动组织架构数字化变革的过程中，企业需要充分利用数字化工具，以加速变革进程。例如，构建集云服务、人工智能和企业数据于一身的统一办公平台，以及引入多样化的协同办公工具等。这些工具的应用将打破传统办公的界限，使组织运作更灵活、高效。

7.3.1　整合企业数据与技术的统一办公平台

对企业而言，数字化转型的核心在于如何有效整合企业数据、人工智能及云服务，从而构建一个统一、高效的办公平台，让员工能够在这个平台上无缝协作，提升工作效率。近年来，随着云服务产品的不断发展和完善，这一目标已经触手可及。

以微软 Microsoft 365 为代表的数字化办公平台为例，它为员工提供了在移动设备上协同办公的便捷体验。Microsoft 365 涵盖了多种日常办公所需的生产力软件，支持 Mac、Windows、iOS、Android 等多个操作系统，实现了真正的跨平台办公。通过自动将办公文件上传至云端备份，员工可以随时随地开展工作，并与其他团队成员进行云端协作，营造了一个统一、灵活的协同工作环境。

在会议场景中，Microsoft 365 中的会议软件 Microsoft Teams 能够实时转录会议内容，将对话转换成文字并整理成会议纪要，极大地提高了企业信息数字化的能力。同时，Power BI 功能则能够基于企业的核心数据资产生成报表和看板，帮助企业进行更深入的数据分析。这些功能在近年来已经逐渐成熟，并且国内也有相应的产品可供选择。

值得一提的是，随着大模型技术的不断发展，越来越多的办公平台开始嵌入这一能力。微软的 AI 助手 Copilot 便是一款基于大模型的办公应用，它能够与 Microsoft 365 高度集成，进一步提升员工的工作效率。

员工可以通过 Copilot 快速总结会议纪要要点、回复邮件、创建演示大纲和 PPT 等。在 Copilot 的赋能下，Microsoft 365 能够更加智能地处理各种办公事务，让员工的工作变得更加轻松、高效。

企业可以根据自身需求灵活订阅 Microsoft 365 的云服务，并随时调整授权数量以适应业务变化。所有的维护工作都由 Microsoft 365 的服务团队负责完成，极大地降低企业进行业务维护的技术难度和成本投入。通过引入先进的数字化工具和平台，企业将能够更好地推动组织架构的数字化变革进程，提升整体竞争力和创新能力。

7.3.2　多样化的协同办公工具

在数字化浪潮的推动下，线上协同办公逐渐成为企业办公的新常态。这种新型工作模式不仅显著提升了组织的活力和管理效率，更成为推动企业数字化转型的关键力量。为实现线上多人协同办公，众多企业纷纷引入多样化的协同办公工具。

其中，飞书作为一款支持团队线上协同办公的软件，凭借出色的性能和丰富的功能，在协同办公市场中脱颖而出。飞书持续整合各类资源，不断完善自身的服务生态，致力于为企业提供极致、便捷的协同办公体验。如今，飞书已成为企业协同办公领域的佼佼者，为企业内部的信息沟通交流带来了极大的便利。

作为一个原生的云端化协同办公平台，飞书能够满足多人线上实时协作的需求。无论是百余人同时编辑一份文档，还是实时查看协作方的修改内容，飞书都能实现。此外，飞书还满足了企业在沟通方面的需求，云会议、实时通信等功能一应俱全。

与其他以通信工具为基础的平台相比，飞书更加注重企业内部成员的协作与创造。飞书在协作平台中融入了针对各行业的解决方案，将流程、数据可视化、员工管理、知识库、日历等核心功能整合至云平台。这为企业管理者部署协作方案提供了极大的便利，同时降低了员工学习、使用复杂工具的成本。

此外，企业还可以通过云会议、视频直播、工作群组等方式，把线下工作转变成可以随时开展的线上工作，提升团队沟通与协作效率。

例如，在招聘面试过程中，企业可以借助视频工具，实现视频面试。视频面试可以打破传统面试在时间与空间方面的限制，使招聘过程更加高效。近几年，使用视频工具开展招聘工作的企业越来越多，如高盛、毕马威、欧莱雅、安永等知名企业，都使用 HireVue、Sonru 等视频工具进行视频面试，对候选人进行首轮筛选。

当拥有大批候选人时，视频面试的方法显然更高效。这种方法将 HR 的工作场所转移到线上，还扩大了人才甄选范围，为企业打造人才库提供了有力支持。

随着社会的不断发展进步，员工的办公空间已不再局限于固定的物理场所。越来越多的企业开始尝试"云办公"模式，这推动了办公空间的深刻变革。在新时代，企业应积极拥抱创新、顺应发展潮流，在各类协同办公工具的助力下打造灵活、多元、高效、便捷的办公环境。

第8章

数字化赋能生产全流程

数字化能够赋能企业生产全流程,推动传统生产实现数字化、智能化的升级,实现智能制造。基于数字化赋能,企业的生产路径、生产模式、管理模式都将得到升级和优化,从而实现更高效、更高质量的生产。

8.1　路径变革:以用户需求为导向

随着用户需求日益多元化和个性化,以用户需求为导向成为主流的产品生产路径。这一变革不仅为企业生产提供了明确的指引,还推动了生产的个性化和定制化,成为推动企业持续创新和发展的重要驱动力。

8.1.1　用户导向:洞察用户需求

传统企业通常以产品为导向,根据自己的技术水平设计产品功能,而忽视用户的需求。这种与用户需求脱节的生产策略在竞争激烈的市场环境下逐渐失去竞争力。为了赢得用户的青睐并实现可持续发展,企业应以用户为中心,紧密围绕用户需求进行产品设计和生产。

唯品会始终坚持以用户需求为导向,不断精耕细作,以迎合现代女性消费者独立自主、消费需求旺盛的特点。

唯品会敏锐地察觉到了"她经济"时代的商机,洞察和顺应了女性用户的消费习惯,致力于满足并超越女性用户的心理需求。例如,通过精准的用户数据分析,唯品会成功实施了富有创意的营销策略,成为首个融入微信朋友圈的电商平台;为了满足"晚购族"和"床购族"的特定需求,特设晚 8 点移动特卖专场。

在深入洞察用户需求的基础上,唯品会灵活调整战略,从奢侈品销售转向服装尾货清仓,迅速积累了庞大的用户群体。随后,唯品会不断拓展商品品类,提升新品和独家供应品的比重,不断丰富用户的购物选择。从最初依托品牌尾货清仓,到逐渐与国内外知名品牌建立合作关系,再到推出新品首发模式,唯品会始终致力于打造极致的购物流程和卓越的用户体验。

在确保产品时尚度和品牌知名度的同时,唯品会还致力于降低产品价格。凭借强大的买手团队和独特的"特卖"模式,唯品会与女性用户建立了紧密的联系,进一步提升了对产品的掌控力。这些因素的完美结合,使唯品会脱颖而出,成为国内最大的品牌折扣网站,并多次荣登《年度最具价值中国品牌 100 强》榜单。

在完成从"产品导向"到"用户导向"的战略转变后,唯品会赢得了用户的高度信任和认可。这使得其能够更加精准地实施运营策略,有效提高用户复购率,创造更多盈利机会,实现持续、稳健的发展。

8.1.2　数字化转型带来新生产路径

传统生产追求的是大批量、规模化生产,可能会忽略用户需求。而借助大数据、人工智能等数字技术,企业可以变革生产路径,根据用户需求实现个性化、定制化生产。

例如,吉利汽车积极进行数字化转型,不断升级自己的业务模式,打造生产价值链,取得了亮眼成绩。吉利汽车的生产路径转型具体体现在三个方面,如图 8-1 所示。

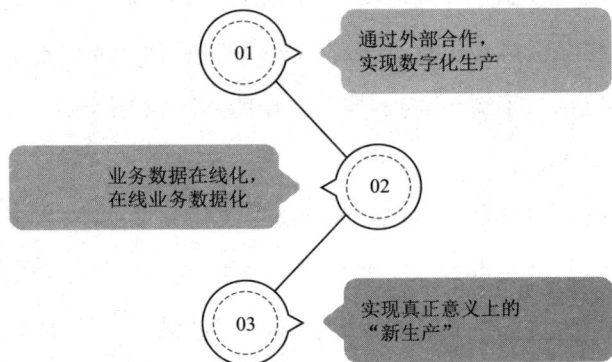

图 8-1　吉利汽车生产路径转型

1. 通过外部合作,实现数字化生产

阿里云在发布 ET 工业大脑时,提出要让生产线上的机器都变得自动化、智能化。此后,ET 工业大脑不断适应技术与时代的进步,在多个方面开展工作,包括生产工艺改良、生产流程制造的数据化控制、设备故障预测、生产线的升级换代等。

如今,云计算、人工智能等技术越来越多地应用于产品生产。企业可以借助这些技术更精准地把握市场,降低研发成本。吉利汽车充分利用技术,通过优化生产流程促进生产效率提升。此外,吉利汽车还借助 5G 改革生产网络,为工作人员配备 5G 智能设备。

为了打造更受用户喜爱的个性化产品,为用户提供更优质的服务,吉利汽车与阿里云在供应链、车联网、用户管理等领域达成合作。在各种技术的助力下,吉利汽车致力于转型为具有创新、协同等特质的新型汽车企业。

2. 业务数据在线化,在线业务数据化

吉利汽车通过一系列活动获取了很多用户资料,这不仅加深了其与用户之间的联系,也为其制定下一步发展战略提供了科学依据。与此同时,吉利汽车还进行数字化运营,以达到实时获取动态信息的目的。通过实现从订单到运输的紧密融合,吉利汽车取得了业务数据在线化、在线业务数据化等重大突破,业务分析效率也因此得到了很大提升。

3. 实现真正意义上的新生产

用户在选购汽车等大型产品时,更重视安全性和售后服务质量,而这些都需要用户亲自体验。无论线上展示的汽车照片多么精美、资料多么丰富、售后保险多么详细,用户也还是无法真切地感受到汽车的驾驶体验,很难放心购买。为了打消用户的疑虑,获得用户的信任,吉利汽车在打造品牌口碑上不遗余力,一直积极探索新策略。

当然,要想获得用户的认可,最重要的还是用产品说话。吉利汽车的汽车质量保障源于无数次测试,其中最具代表性的是模拟仿真测试——借助计算机辅助工程软件对汽车的驾驶情况进行模拟测试。通过多次测试,吉利汽车为用户提供更舒适的驾驶体验,给予其更安全、可靠的保障。

8.2 模式变革:制造变智造

生产模式的数字化革新已经渗透到生产流程的多个核心环节,不仅大幅提升了生产效率,甚至能够实现整条生产线的全自动化操作。此外,虚拟技术的广泛应用在生产环节中发挥了巨大作用,从产品设计到产品生产,再到设备维护,各个方面的虚拟化操作为企业提供了强有力的支持,使其能够更好地适应并引领数字化时代的发展潮流。

8.2.1　生产线自动化,提升生产效率

当前,在数字化趋势下,不少企业都引入了传感器、工业机器人等智能设备,打造自动化的生产线,实现数字化生产。

以单车及运动装备品牌凯路仕为例,其在打造自动化生产线方面做了许多探索。为了在单位时间内生产更多单车,凯路仕购置了一批自动化焊接机器人,以实现高效化、节能化的生产。

在使用焊接机器人,并辅以原有组装线后,凯路仕每天能生产上万辆单车。凯路仕能实现生产效率大幅度提升的主要原因就是用焊接机器人代替工人。相较于工人,焊接机器人可以在保证产品质量的同时加快生产速度,而且不需要休息,可以一直保持工作状态。在生产过程中,焊接机器人被分为两组,一组焊接车架,另一组焊接前叉,等全部焊接完毕以后再进入涂漆、组装等环节。

在凯路仕的自动化生产线上,全自动的运输带是标配。通过运输带,已经焊接过的车架被送往涂漆、贴标、组装等环节。这样不仅便于工人操作,还可以将垂直空间充分利用起来,增加自行车的产量。

在生产单车时,凯路仕对产量提出了更高的要求,车架、前叉等的质量标准也非常严格。一般来说,焊接是比较耗费时间和精力的环节,会对产量造成非常严重的影响。因此,凯路仕不惜花重金去优化这一环节,提升这一环节的自动化和智能化程度。

随着数字技术在生产场景中的应用,未来,自动化生产线将不断升级,实现更多环节的自动化。这不仅可以提高产品生产效率和质量,还能够解放人力,将工人从重复的运输、组装等工作中解放出来,使其能够处理其他

更重要的工作。

8.2.2　虚实联动,实现虚拟制造

借助 VR(virtual reality,虚拟现实)、AR(augmented reality,增强现实)等虚拟技术,企业可以将生产流程迁移到虚拟世界中,在其中设计生产方案,指导现实生产。这种虚实联动的生产模式可以降低企业设计、研发成本,实现高效生产。

当前,已经有一些企业在虚实联动的生产制造方面做了尝试。北京四度科技有限公司是一家综合性科技公司,为了提升生产效率,其推出了数字化工厂综合管理虚拟现实系统。

数字化工厂综合管理虚拟现实系统利用虚拟现实技术,以生产要素为基础,对工厂的产品设计、生产设备、生产流程、工厂管理四部分进行数字化改造,并将其整合成综合管理系统,使企业能够对整个生产过程进行科学规划和监管,从而降低生产管理成本并保障产品顺利生产。

1. 产品设计

北京四度科技有限公司的技术团队根据不同产品进行仿真模拟,建立了基本模型库,方便产品设计师调用。另外,技术团队还在系统中加入了经验公式模板、防错机制等,在提升设计效率的同时,还能最大限度地避免产品缺陷,使新员工也能具备资深设计师的能力。产品设计虚拟现实系统通过将设计过程数字化,缩短了产品开发周期,提高了产品设计效率。

2. 生产设备

北京四度科技有限公司的技术团队利用三维仿真技术对工厂内所有的生产设备进行仿真模型搭建,并把每一种设备模型与信息库相连接,开发出生产设备虚拟现实系统。这样,工厂的工人既可以在系统中学习设备的基础知识,又可以进行实际操作练习。

当工人调出需要学习、熟悉的设备后，可以对模型进行全方位查看，并利用人机交互技术，对模型进行组合、拆卸或缩放，具体到对某一个零件进行学习。生产设备虚拟现实系统实现了生产设备的数字化、自动化、精密化，可以提高工人对设备的学习效率并降低设备管理难度。

3. 生产流程

北京四度科技有限公司的技术团队构建的虚拟工厂可以让工厂管理人员在工厂里面漫游，工厂管理人员只需操控 VR 手柄，就可以完成对工厂内部设备的规划布局、搭建生产流水线、安排生产流程等工作。

在虚拟工厂中搭建好流水线后，工厂管理人员还可以模拟生产设备的运作过程，提前获得生产线运行信息，从而实现科学评测生产流程设计方案，及时调整布局，避免流水线搭建错误造成损失。

4. 工厂管理

北京四度科技有限公司的工厂管理虚拟现实系统通过模拟工厂生产设备的工作过程，实现了在虚拟场景中对生产过程的实时监控。该系统可以使流水线上生产设备的工作状态可视化，工厂管理人员可以实时查看设备的温度、状态等参数，及时掌握生产情况。除此之外，该系统具备设备故障报警机制，工厂管理人员能第一时间准确定位故障设备，并及时修理或更换，使工厂的生产工作不会中断。

如今，制造业面临着生产成本高、环保标准高、竞争压力大等挑战，进行生产数字化、智能化转型是大势所趋。企业可以自行研发或引入虚拟制造系统，实现降本增效，加快数字化转型步伐。

8.2.3 打造数字工厂，实现生产环节数字化

除了对生产线进行数字化、智能化改造之外，还有一些企业凭借数字技术，打造数字工厂，实现了设计、规划、执行等更多生产环节的数字化。

在设计环节,数字建模是关键。企业可以通过该技术为产品构建三维模型,从而减少人力、物力等方面的成本。与此同时,与产品相关的所有信息都会呈现在三维模型上,并伴随产品的整个生命周期。这是实现产品协同设计和生产的重要保障。

在规划环节,虚拟仿真技术可以帮助企业布局生产线、安排设备、明确制造路径、调整和优化运行系统。例如,知名汽车制造企业大众旗下的斯柯达捷克工厂,就引进了虚拟仿真这项技术,以降低改进生产线需要花费的成本。

在执行环节,数字工厂会将制造执行系统与其他系统相连,确保所有数据始终保持同步,并实现及时更新。例如,某产品的原材料发生变化,制造执行系统与其他系统中的相关数据会同步变化,制造执行系统也会自动实施解决方案,这样可以减少误工带来的损失。此外,制造执行系统还可以识别生产线上的零部件,从而实现智能化混线生产。

基于上述优势,数字工厂遍地开花,其中比较典型的是徐工集团的数字工厂。在徐工集团的数字工厂中,云系统发挥了重要作用。云系统主要由云计算和云存储两部分组成。云计算通过数据中心设置大量计算机服务器群,通过网络传输的方式为企业提供差异化应用;云存储通过对相关信息进行跨区存储,帮助企业节省本地存储资源。

徐工集团还创新性地设立了云车间,其内部的调度系统高效管理着所有的数控单体设备和集群设备。例如,当车床完成产品加工后,调度系统能立即接收到信息,并自动安排相应的轨道将产品送往下一道工序。同时,关于该产品的所有工序信息都会被详细记录在数据库中,包括加工时间、加工设备等信息。

在云车间的助力下,工人的角色发生了转变,作为质检员负责检测产品质量。每个工人都配备有一个智能终端系统,该系统能实时显示当天需要完成的任务和生产计划等信息。工人可以根据调度系统的指令进行产品检测,确保每一件产品都合格。

此外,徐工集团数字工厂中的机器充满了技术"细胞"。这些机器搭载了 GPS 定位系统、GPRS 无线通信系统、数据库自动识别系统等,共同构成了一个强大的感知系统。

以往,机器出现故障时,工人需要将照片、视频发给工程师,工程师对故障进行初步分析需要频繁地核对一些信息。现在,当机器出现故障时,工程师只需扫描机器上的条码,就能迅速获取所有重要信息,如客户信息、服务商信息、零部件研发和生产信息等,极大地提高了故障处理的效率。

在维修方案制定方面,徐工集团的数字工厂也展现出了极高的效率。当远程诊断和后台知识库无法解决问题时,维修服务中心能迅速通过 GPS 用手机定位找到最近的服务车和服务人员,并通过地图导航指引他们及时赶到故障现场解决故障。

在这个追求效率和质量的时代,数字工厂以其自动化、智能化的生产方式以及优化的工作流程,成为越来越多企业追求的目标。通过减少人为干预、实现高度智能化以及让机器人承担繁重体力劳动,数字工厂正引领制造业迈向一个更加高效、智能的未来。

8.3 管理变革:以全面自动化为目标

企业的生产数字化变革不仅体现在数字化生产线的搭建上,还体现在生产管理的数字化上。借助大数据、人工智能等技术,企业可以研发智能排班系统、自动监测设备、环境监测设备等,实现生产管理数字化。

8.3.1　智能排班系统:优化企业人效

对员工的管理是生产管理的重要组成部分,生产管理的数字化意味着员工管理也需要实现数字化。

在传统员工管理过程中,员工排班往往存在不合理的情况,难以保证企业的生产进度、生产质量等。企业使用智能排班系统优化人员安排可以有效避免这些问题。智能排班系统可以对员工的生产效率进行精确管理,助力企业合理排班。智能排班系统主要通过以下三种方法优化人员安排:

1. 业务量预测

智能排班系统会通过员工的历史工作数据,以及外部的地理条件、环境影响等因素综合分析企业未来一段时间的业务量,以合理安排员工。

2. 排班匹配优化

智能排班系统会根据每位员工的独特特征和工作习惯,精准地分配他们的工作时间。例如,某些员工连续工作超过 4 小时,工作效率就会明显降低。因此,系统会智能地安排这些员工在工作 4 小时后进行适当的休息,以确保他们的工作效率和工作质量。而对于那些生活作息不规律的员工,系统则会优先为他们安排夜班或较晚的班次。通过综合考量各种因素,智能排班系统能够快速且高效地制定出最佳的员工排班表,极大地节省了企业的时间成本和管理精力。

3. 灵活的人力调度

智能排班系统具有灵活性和实时响应能力,可以很好地解决突发情况或原定的排班人员无法按时到岗的问题。系统能够根据其他员工的居住地距离、任职岗位以及当前的工作状态等因素,迅速分析并自动向企业推荐合适的备选人员。这不仅能够确保工作顺利进行,还进一步优化了人力资源配置,提高了企业的运营效率和应对突发情况的能力。

8.3.2　自动监测设备:把控产品质量

企业借助数字化监测设备实现对生产过程的自动监测,能够实现对产品质量的严格把控。同时,自动监测设备也能够有效提升企业的数字化水平。基于对自动监测和生产的需求,具有自动监测功能的生产设备受到了许多企业的青睐。具体来说,该类设备主要在以下三个方面发挥作用:

1.动态数据实时监测

具备自动监测功能的生产设备能够实时追踪和监控生产过程中的动态数据。这些动态数据,如产品尺寸、物流详情、零件状态等,随着生产环节的推进而不断变化,为确保整个生产流程的精准控制提供了关键信息。通过这种动态化监测,企业可以确保产品生产的每个环节都在预期的范围内进行。

2.智能化交流

生产设备的自动监测功能使得生产过程中的多个环节可以通过互联网进行远程操作和管理。管理人员无论身处何地,都能实时发送和接收指令,实现与生产设备的智能化交流。这种远程监控和管理的模式极大地提高了生产过程的灵活性和效率。

3.信息服务共享

企业可以根据员工的职责和需要,设置不同层级的登录权限,以便员工能够访问到与其工作相关的关键信息。这种层级化的信息服务共享机制确保了信息的准确传递和有效利用,同时也加强了企业内部的信息安全管理。

以新海科技集团为例,这家专注于医疗器械研发和销售的企业已成功将大数据技术应用于产品生产的整个流程中。通过实现生产设备的自动监测,新海科技集团不仅提升了产品质量和生产速度,还为质量问题的溯源提供了便捷的途径。

可以说,生产设备的自动监测功能为新海科技集团从传统企业向数字化企业的成功转型奠定了坚实的基础。

在现代企业中,生产设备作为决定产品生产效率和质量的关键因素,重要性不言而喻。优质的生产设备是企业竞争力的有力保障,而生产设备的数字化则是企业实现数字化转型的核心环节。因此,对于追求创新和发展的企业来说,实现生产设备的自动监测无疑是迈向数字化未来的重要一步。

8.3.3　环境监控设备:保障生产效率

实时了解企业的生产环境能够帮助企业及时排查生产过程中出现的意外状况,保证生产顺利进行。在过去,企业通常需要依靠专门的巡检人员定时巡查生产线以获取设备运行状态信息。然而,在数字化浪潮的推动下,企业现在可以通过引入先进的数字监控设备来实现对生产环境的 360°全方位监控。

360°生产环境监控主要有三个特点,如图 8-2 所示。

实时监控

报警系统

数据交互

图 8-2　360°生产环境监控的特点

1. 实时监控

监控设备与生产系统的无缝连接,为管理人员提供了一个全面了解工厂设备运行状况和生产实时情况的窗口。这些设备还能在显示屏上清晰展示生产流程图,通过动态图像的方式直观呈现数据,即使是非专业人员也能轻松理解。

2. 报警系统

报警系统在生产流程中发挥着重要作用。一旦出现问题,它能立即触发警报,确保管理人员能迅速响应。实时报警功能可以实时反映生产过程中的异常情况,从而保障生产进度和产品质量,提升工厂的整体生产效率。

此外,历史报警记录详细记载了工厂过去生产过程中遇到的问题,包括报警时间、确认时间以及恢复时间等关键信息。历史报警界面还展示了每次报警的处理方式和解决人员等信息,为企业在后续出现类似问题时快速定位原因提供了有力支持。

3. 数据交互

数据交互功能使得监控设备能够实现与不同设备和系统之间数据的顺畅传输。这种无缝的数据交互打破了传统限制,帮助企业更加迅速地获取设备状态信息,为生产决策提供有力支持。通过这一功能,企业可以更加高效地管理和优化其生产过程,从而在激烈的市场竞争中保持领先地位。

第9章

数字化创新营销模式

在数字化浪潮席卷全球的今天,营销模式的数字化转型已成为企业突破传统营销桎梏、实现营销手段多元化的关键。因此,企业必须紧跟数字营销的时代趋势,积极推动自身营销体系的数字化革新。具体而言,企业需要在数字营销玩法、渠道和服务上进行大胆创新,实现营销的全面数字化转型。

9.1 玩法创新:引进新设备,优化体验

在数字技术日新月异的背景下,企业应积极拥抱前沿科技,将最新的数字技术和设备融入营销活动,以创新的玩法重塑用户体验。通过引入虚拟现实技术打造沉浸式的营销场景,或者探索无人零售等新型零售模式,都是企业可以大胆尝试的创新路径。这些创新玩法不仅能够为用户带来全新的互动体验,还能有效提升企业的品牌影响力和市场竞争力。

9.1.1 AR+VR:数字化设备优化购买体验

当前,越来越多的企业意识到在营销过程中引入数字技术、进行营销数

字化升级的重要性。AR、VR 眼镜,虚拟试衣设备已经进入不少营销场景,成为企业探索数字化营销的重要手段。

例如,消费者购买衣服时最先想到的问题通常是"我穿上这件衣服会是什么样子",在这方面,虚拟试衣就可以派上用场。例如,曼马库斯百货为消费者提供一面嵌入 AR 的"智能魔镜",消费者只要穿着一件衣服在这面镜子前拍摄一段不超过 8 秒的视频,然后再穿上另一件衣服做同样的动作,就可以通过视频对两件衣服进行比较,从而选出自己更满意的那一件。

除了曼马库斯百货外,奥迪也在开发零售新玩法:引进用 VR 眼镜选车、看车的技术。消费者戴上 VR 眼镜不仅可以 360°全方位浏览汽车,还可以观察汽车的"内在"。这个"内在"不仅指内饰,还包括发动机、内部结构、传动系统、刹车盘细节等。借助 VR 眼镜,消费者甚至还可以看到博物馆里面存放的一些古董车型。

为了改善司机的驾驶体验,奥迪还推出了可以戴着 VR 眼镜驾驶的汽车——Virtual Training Car。司机戴着 VR 眼镜坐在驾驶座里,正对着驾驶座的后排座椅靠背上安装了 VR 眼镜追踪器,用于追踪司机头部所在位置以及左右摆动的情况。VR 眼镜中有全景画面,画面可以随着司机头部的摆动而转换场景。

当司机戴着 VR 眼镜时,操作员会坐在副驾驶的位置通过操作板控制系统的开启和关闭。操作板可以同步显示司机在 VR 眼镜中看到的场景。与此同时,操作员还要关注现实世界的情况,在出现紧急事件时帮助司机按下电子手刹键。

在数字化转型中,虚拟现实桌也让奥迪大放异彩。虚拟现实桌由一张桌子和一个显示屏组成,桌子是主控台,显示的是第三视角,即从外部去看功能如何实现;显示屏则显示第一视角,即从司机角度感受功能如何实现。

虚拟现实桌下面有 24 个摄像头,用于观察桌子上有什么物体,以及这些物体的角度变化。通过虚拟现实桌，奥迪可以精准地向消费者介绍汽车的功能，为其模拟符合需求的场景。

在 VR 眼镜、虚拟现实桌等数字化设备的助力下，奥迪的服务质量有了进一步提升，消费者可以享受到兼具场景、感知、美学的消费新体验，司机也可以更安全地驾驶。

从社会层面来看，数字化转型具有积极意义，因为生产力得到了提升；但对有些企业来说，数字化转型也许是一场"灾难"，因为一不小心企业就会落后于时代。为了避免这样的"灾难"发生，企业要不断升级营销模式，积极开发新玩法。

9.1.2　无人零售：线下销售数字化

一些实力雄厚的零售企业不仅成功实现了营销线上化、数字化，更致力于在线下打造无人零售店，以实现全方位的数字化转型。当前，罗森、亚马逊等都在无人零售商店方面做了探索，力求通过前沿技术为消费者带来更加便捷、智能的购物体验。

例如，罗森和松下电器合作，共同推出了全自动收银机。引进这个智能设备，再加上智能购物篮的助力，罗森为消费者提供自助结账服务。具体操作方式如下：

（1）每个智能购物篮中都有一个扫描器，每款产品上都贴了可供消费者扫描的 RFID（radio frequency identification，射频识别）电子标签。

（2）消费者将自己想购买的产品放到智能购物篮中（需要先对产品进行扫描），智能购物篮会将产品信息（如价格、数量、规格等）记录下来。

（3）罗森的全自动收银机上有一个狭槽，消费者只要把智能购物篮放进这个狭槽，产品总价就会在结账屏上显示出来。然后，消费者就可以选择现金或信用卡的方式进行付款。

（4）消费者完成付款，智能购物篮底部就会自动打开，产品会掉落到已经准备好的购物袋中并自动升起。此时，消费者就可以取走自己购买的产品。

全自动收银机和智能购物篮具备一定的无人零售属性，是罗森实现数字化转型的强大动力。除了推出全自动收银台和智能购物篮外，罗森还推出了夜间无人值守结账服务。消费者只要在手机上安装一个应用程序，就可以在罗森门店进行自助购物。这样消费者在结账时就不需要排队，罗森也不需要在夜间安排工作人员值班。

与罗森相同，亚马逊也在无人零售领域积极布局，推出无人实体商店Amazon Go。亚马逊采用了计算机视觉、深度学习、传感器融合等技术，省去了传统柜台收银结账的烦琐过程。在 Amazon Go，消费者只需要下载亚马逊购物 App，在商店入口扫码成功后就可以进入商店购物。消费者离开商店后，系统会自动根据其消费情况在其个人的亚马逊账户上结账收费。

当然，不只是国外的罗森和亚马逊，我国的很多企业也推出了无人商店。例如，深兰科技推出的 Take GO 无人智能零售店就取得了不错的业绩。该无人商店外部装有扫描屏幕，消费者注册并登录软件后扫码进门；消费者进门后，会有摄像头检测其是否购买产品。和 Amazon Go 相似的是，如果消费者把产品带出商店，其手机上便会收到账单详情和结账提醒。

在营销转型方面，罗森、亚马逊表现出色。在这些企业的带领下，7-11、全家等企业也相继引入智能收银系统或自助结账柜台。可见，零售领域已经迎来数字化和智能化浪潮，将推动整个行业的升级。

9.1.3 小米：智能生态营销体系

成熟的互联网企业往往都有自己独特的营销体系，其中，小米的智能生态营销体系十分亮眼。其借助各种数字技术和智能设备，实现了营销的数字化和智能化。

小米将标签、算法、数据应用到了极致。例如，在用户授权允许的情况下，小米会向用户精准推送各类提醒和通知，如麦当劳的新品上市通知。基于用户数据，小米可以将用户的行为标签化，然后再根据标签向用户推荐广告，实现广告与场景的深度融合。

在投放广告时，小米会对用户的浏览行为和相关信息进行采集，并通过各种维度的标签将用户分类。这样小米就可以根据平台的受众选择将广告投放到哪个平台上。随着5G、大数据等技术的发展，小米将拥有更多维度的标签，在信息获取方面占据更大优势。

小米利用智能设备捕捉用户的眼神、肢体动作、面部表情等，并通过算法对这些信息进行分析，使营销更精准、更有效，从而推出更多爆款产品。

虽然小米的营销策略花样百出，但核心只有一个，那就是用户体验。小米致力于给用户带来极致的体验，这使其智能生态营销体系变得越来越成熟，信息获取方式也更加多样化。在技术的助力下，小米不仅拥有系统级、软硬件兼顾的基础数据，还能通过线上数据分析与线下调研反馈进一步挖掘用户的心智数据。

当基础数据与心智数据融合在一起后，一个规模庞大的营销"工程"正式形成。小米通过算法之间的关联性打造出一条全场景关系链。在数字化时代，小米借助智能生态营销体系和全场景关系链，利用标签和算法融合取得了巨大成功。

9.2　渠道创新：让企业离用户更近一点

营销渠道是企业开展营销业务的重要支撑，在进行营销数字化变革时，企业有必要进行渠道创新,通过搭建数字化渠道,拉近与用户的距离,与用户实现更紧密的互动和连接。

9.2.1 前端渠道:连接用户,实现引流

如今,随着新媒体平台的蓬勃发展,企业能够触及用户的前端渠道日益丰富,如微博、抖音、小红书等社交媒体平台。这些平台汇聚了大量活跃用户,为企业产品推广和品牌建设提供了宝贵的引流机会。以微博为例,其用户基数庞大且持续增长,影响力日益扩大,已成为众多企业进行品牌推广和互动营销的重要阵地。

拼多多精准把握了微博平台的快速响应与碎片化内容传播的特性,通过大规模微博宣传投资,迅速将自身品牌推向了公众视野的前沿。"一亿人都在用的购物App"这句深入人心的广告语,使拼多多在微博上声名大噪,推动其成为国内主流的购物软件。

当然,不只拼多多,微博已成为众多企业进行品牌营销的重要平台。那么,如何在这个充满机遇与挑战的平台上进行有效的品牌营销呢?以下是几个要点:

1. 创意广告策略

微博用户对广告的敏感度较高,直接明了的广告推送很可能被忽略。因此,企业需要运用创意,通过讲述引人入胜的故事、采用轻松幽默的叙述方式,以及巧妙植入广告元素,来吸引用户的注意力,引发他们的情感共鸣。

2. 合适的方式

合适的方式主要是指广告投放的地域与时机。企业在微博上投放广告,应选择用户活跃度高的时间段,确保广告能最大化地触达目标用户群体。同时,利用微博的热门和头条推荐机制,可以进一步提升品牌曝光率,

实现更高效的品牌传播。

3. 深入洞察消费者

企业在进行品牌营销时，还要注重收集用户的偏好及使用产品的反馈。如果企业可以及时解决用户遇到的问题，及时满足用户的需求，就能提升用户满意度，获得更多用户的支持与信赖，全面提升品牌营销效果。

从某种意义上说，品牌营销就是品牌与消费者建立情感连接的过程。而微博这种具有快速响应和碎片化内容传播特性的平台，为企业提供了直接触达用户的渠道，有助于精准、快速地实现用户引流与转化，进而推动品牌的持续发展。

9.2.2　内容渠道：内容为王，与用户产生共鸣

除了依靠拥有庞大的用户基础的前端渠道，企业还可以积极构建内容渠道，以精准有效地将营销内容传达给目标用户。

随着内容经济的兴起，微信公众号、知乎等知识型平台涌现出来，用户可以在上面发布自己的经验、对问题的看法。这种内容渠道受到了越来越多年轻人的喜爱，助力企业吸引素质更高的用户，为企业创造更大的价值。

在新媒体时代，对比有自己公众号且运营得很好的企业，没有自己公众号的企业在发展过程中略显不足。如今，微信被用户广泛应用于聊天、获取资讯、休闲娱乐，打造企业品牌微信公众号并定期对其中的内容进行更新，能有效扩大品牌的影响范围。

不管是自建微信公众号，还是利用第三方优质公众号进行品牌宣传，企业都需要对相关的内容进行转发、传播，从而达到宣传品牌的目的。如果两种方式同时进行，效果会更好。在宣传的过程中，企业可以结合渠道的特点，创作贴合度更高的内容，设计普适性更强的环节，潜移默化地吸引用户

关注,影响用户心智。

总之,微信公众号、知乎等优质内容渠道成为企业吸引目标人群的关键利器。通过深入分析目标人群的需求和偏好,企业能够精心策划并发布与其兴趣相契合的内容,从而有效地触达潜在消费者。这种策略不仅增强了品牌与目标人群的互动,也为企业的品牌营销注入了新的活力,进一步巩固了品牌在市场上的地位。

9.2.3 销售渠道:以带货主播为代表

当前,新媒体的发展催生了直播这一交互方式,直播成为火爆的销售渠道。企业在进行营销时,需要把握这一趋势,积极拓展销售渠道。

随着直播行业的快速发展,带货主播应运而生,他们会在直播过程中宣传产品、与观众互动,使得产品能够在短时间内获得极高的曝光度,快速提升产品销量。如果企业能够充分发挥他们的助力作用,就能够使产品精准、快速地触达用户,极大地提升产品转化率。

那么,企业应如何借助直播这一渠道以及带货主播的力量,打通直播销售渠道?企业需要注意以下三个要点:

1. 前期规划

在进行直播之前,企业需精挑细选想要推广的产品,深入剖析其主要卖点、目标受众等核心要素。基于这些分析,初步确定直播平台、主播、直播时长及其起止时间,并设计完善的直播流程。同时,企业还需对产品的销量进行合理的预估。

带货主播类型丰富多样,包括明星、网红、行业专家、企业内部人员等。每类主播都有其独特的宣传侧重点,所吸引的用户群体各有不同。为确保效益最大化,企业应结合产品特性,精准选择合适的主播。

2. 流程清晰

为确保直播流畅、自然,企业应精心打造直播场景、打磨主播的台词、展示产品的实际使用场景等。此外,为应对可能出现的意外状况,企业还需制定多套应急预案,确保这些突发情况不会打乱直播的节奏,不会影响观众的观看体验和整体的直播效果。

3. 注重反馈

直播仅是产品销售的起点。直播结束后,企业应密切关注用户的反馈(如直播间互动、用户评论等),迅速响应并解决用户提出的问题。同时,根据用户反馈调整产品和宣传策略,以赢得更多用户的支持与信赖,提高直播转化率。

9.3　服务创新:为用户提供极致体验

在数字化时代,用户体验已成为企业营销战略的核心。为了满足用户日益增长的需求和期望,企业需积极运用数字技术,推动服务创新,致力于为用户提供极致的体验。

9.3.1　精准投放:大数据刺激用户消费

众多企业的营销目标都是精准地将产品营销内容推送给那些对产品有需求的用户,以吸引他们消费。随着大数据、人工智能算法等技术在营销领域的应用,个性化推荐成为一种强有力的营销手段。

如今,许多产品销售型企业都紧跟时代潮流,运用大数据深入挖掘用户的浏览、购买、回购、投诉、退换等消费数据。这些宝贵的数据不仅帮助企业更精准地调整产品战略,还确保了营销信息能够精准触达目标用户,为他们提供更加贴心、个性化的产品推荐体验。

例如,亚马逊借助大数据建立了高效的个性化推荐系统,进而实现了销售额的显著增长。这一成功的营销手段被其他领域所借鉴,如今,在新闻、书籍、音乐、社交平台中,个性化推荐功能都已成为不可或缺的一部分。

再如,淘宝是利用大数据进行产品推荐的佼佼者。当用户在淘宝上利用关键词搜索产品时,所呈现的结果并非完全随机。淘宝的后台系统会根据大数据分析结果,智能地判断用户的消费偏好,并优先展示那些可能激起用户购买欲望的产品。这种策略不仅优化了用户的购物体验,还为企业带来了更高的转化率。

未来,商业竞争的核心将逐渐转向用户数据的争夺。真实、精准的数据将成为企业进行产品决策的关键依据。在大数据时代,企业通过对海量数据的集成分析,不仅能够预测新的消费趋势,还能将产品信息和优惠活动精准地推送给目标用户。这不仅能大幅提升用户的活跃度,还能全面优化产品决策,助力企业开拓更多的盈利点。

9.3.2 会员体系:深度挖掘用户价值

设计会员体系对用户进行管理,是企业留存用户、管理用户、为用户提供优质服务的重要方法。同时,会员体系也能助力企业更深层次地挖掘用户价值。

会员体系的核心逻辑就是通过良好的交互设计、切实的会员权益、优质的激励系统,将处于流动状态的用户留存下来,并充分挖掘其商业价值。企业可以从四个方面建立数字化会员体系,如图 9-1 所示。

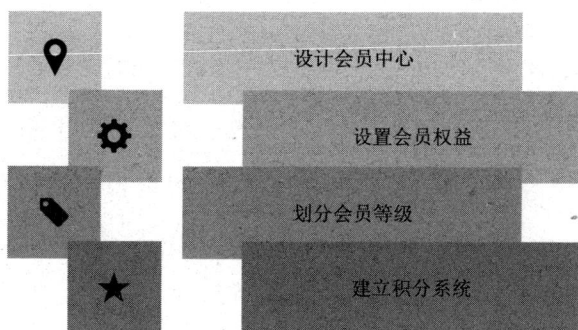

图 9-1　企业建立数字化会员体系的方法

1. 设计会员中心

会员中心是连接用户与企业的枢纽,优质的交互设计能极大地提升用户对品牌的好感度,增强用户对品牌的信任感。在设计会员中心时,企业应充分考虑自身定位及用户偏好,使界面布局具有更高的合理性及交互性,全方位提升用户的使用体验。

2. 设置会员权益

如今,产品同质化日益严重,为用户提供个性化、多元化的会员权益,可以显著增强品牌对用户的吸引力,从而极大地提升用户留存率。

会员权益形式多样,视频会员、购物代金券、服务体验券等第三方平台的增值服务也可以作为会员权益。在全方位、多角度地对用户偏好进行分析后,针对用户的个性化需求设置的权益,势必能获得用户的喜爱。

3. 划分会员等级

企业可以综合考虑会员的忠诚度、活跃度、消费情况等多个维度,对会员进行细致且精准的等级划分。这种策略不仅有助于企业更全面地了解会员的整体表现,还可以使企业对会员的评估更为精确。企业可以为高等级的会员配置更高级别的权益,从而激起会员的升级与消费热情。

在划分会员等级后,企业可以更有针对性地开展运营活动,挖掘会员的深层价值,实现投入产出比的最大化。

4. 建立积分系统

作为一种常用的营销策略,积分系统可以有效增加用户的品牌记忆点,提升用户的品牌敏感度,增强用户黏性。企业可以根据品牌特性设置积分名称、使用规则、兑换方式、有效期限等,从而建立更完善的积分系统。

企业可以举行一些营销活动,如幸运转盘抽奖、每日答题抽奖等,让用户可以通过活动获取积分,从而有效提升用户积极性及转化率,进一步提升用户的品牌忠诚度。

构建数字化会员体系后,企业就可以充分挖掘用户数据价值,发挥数据对业务的指导作用。在掌握用户的消费习惯及偏好后,企业就可以更有针对性地对产品进行创新、改良、营销。此外,数字化会员体系还可以帮助企业在提升宣传效果的同时,最大限度地降低运营成本,将会员数据转化为庞大的经济效益。

9.3.3 售后服务:打造智能化售后服务体系

在服务用户的过程中,企业不仅需要关注向用户提供服务的过程,也需要关注用户的反馈,依据用户反馈优化服务,持续加深与用户的连接。借助数字技术,企业可以建立起智能化的售后服务体系,为用户提供完善的服务。

企业可以从四个方面入手构建智能化的售后服务体系,如图 9-2 所示。

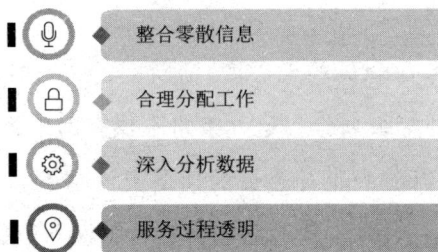

图 9-2 构建智能化售后服务体系的方法

1. 整合零散信息

只有了解用户,才能为用户提供更好的服务。企业应该将全部用户的信息统一记录在服务系统中,使服务人员可以随时随地调取产品及用户的相关信息。同时,企业还要在系统中添加大量的解决方案,帮助服务人员快速了解产品的参数、故障原因、维修进度等数据,进一步提升服务的质量和效率。

2. 合理分配工作

智能化的售后服务系统应该以服务流程为基础,将用户需求、仓库分布、备件库存等信息进行整合,从而形成业务协同,为用户制定最佳的售后服务方案。同时,售后服务系统还会根据用户需求为其匹配最适合的售后服务人员,根据用户的位置、预约时间、所需配件等信息为售后服务人员规划最优的服务路径。

3. 深入分析数据

在为用户提供服务的过程中,售后服务人员需要将所有服务信息完整留存。之后,企业可以利用先进的智能算法对这些数据进行深度挖掘与全面分析,从而生成直观易懂的可视化分析报告。这不仅为团队管理和战略决策提供了坚实的数据支持,还帮助企业不断优化服务方案,进而提升客户满意度和复购率,实现业务增长。

4. 服务过程透明

用户满意度是衡量服务人员绩效的关键指标。为了确保服务的透明性,服务人员应在完成服务后,立即将详细的服务报告上传至企业的管理系统,以供管理层进行实时监控和评估。此外,企业还应积极向用户发放调查问卷,以收集用户对服务人员的服务态度和专业水平的反馈,从而进一步完善服务流程,提升用户满意度。

市场竞争日益激烈,用户的获取成本也随之提高,企业对用户黏性的增强、产品复购率的提升等问题也越来越重视。智能化的售后服务系统可以帮助企业节省管理成本,提高运营效率,提升服务品质,进一步唤醒用户的品牌认知和复购意识。可以说,构建智能化售后服务体系已经成为企业建立竞争优势的关键举措。

9.4 营销数字化转型,企业该如何做

企业在进行营销数字化转型时,需要转变思维,找到更多连接用户的触点。同时,企业需要通过移动营销、链接营销等方式,不断提升用户体验。

9.4.1 思维转变:入口思维→触点思维

很多企业在进行品牌营销时采用的都是入口思维,即找到用户入口进行营销,如通过 App、社交媒体等进行营销。这种营销方式能够吸引流量,但与用户的连接并不深。在用户分散、碎片化的背景下,采用触点思维能使企业更高频次地接触用户,加深与用户的连接。

触点思维指的是企业不受各种入口、活动形式的限制,与用户形成多种形式、多种维度的连接。这可以加深企业与用户之间的连接,企业能够为用户提供更全面、优质的产品和服务。

触点可以有效吸引潜在用户的注意力,通过富有创意的营销活动向用户传递品牌的态度及价值观。互联网技术的进步使每个触点都有机会变成入口,推动传统的商业模式发生了极大的变革。从入口思维转变为触点思维,充分挖掘业务流程中的重要触点,有针对性地开展营销活动,是企业实

现转型升级的核心步骤。

各种触点，如好友推荐、企业官网、在线直播、活动物料等，都可以成为品牌与用户建立连接的桥梁。这些触点在无形中影响着用户的心智，逐渐增强他们对品牌的信任感，进而影响他们的购买决策。

例如，企业可以在活动物料上附上二维码，将这些传统的物料转化为新的流量入口，引导用户进行线上互动和转化。企业还可以根据物料类型的不同，嵌入相应的标签，以便更精准地识别用户的需求，并据此发放相应的物料。这种做法有助于企业有针对性地培养潜在用户，为未来的销售增长奠定坚实基础。

企业不仅要关注用户购买产品的决策流程，还要关注产品的使用过程，在其中增加服务触点，提前做好扩展销售、交叉销售的准备，让产品深入用户生活，成为其生活的必需品。

产品的销售过程也是企业连接用户的过程，触点思维可以让企业深入了解用户，快速响应用户需求。如果企业可以实现从入口思维到触点思维的转变，就能够有温度、有深度地连接用户，从而更好地影响其购物决策，充分展现全触点营销的价值。

9.4.2　移动营销：增强内容针对性

移动营销指的是借助移动设备（如智能手机）与用户进行交互，直接向用户传递个性化的信息。在进行移动营销时，企业需要根据移动设备的特点、用户与设备交互的方式等，制定完善的营销策略，以提升营销效果。

企业可以通过以下七个方面实现移动营销：

1. 建立用户视图

用户可以通过各种渠道与企业进行交互，如果企业能够建立用户视图，就可以更好地了解用户的转化路径及实际需求，理清渠道脉络。在将渠道信息与用户视图结合后，无论用户使用哪种渠道与企业产生连接，企业都可以为用户提供精准的个性化服务。

2. 打破数据孤岛

移动渠道只是众多交互渠道的一种，其他渠道的信息也会对其产生影响。但许多移动项目的开发人员会下意识地为程序设置数据壁垒，这提升了后续修改、平台移植等工作的难度，造成极大的时间及成本的损失。

3. 自适应式设计

由于移动营销的内容要在各种移动设备上发布，为减少工作量，许多企业都会创建响应式站点，即将各个平台的页面按比例调整，实现内容与用户使用的移动设备完美匹配。这种自适应式设计可以自动根据屏幕大小调整内容页面，为用户提供最佳阅读体验。

4. 预测行业走势

科技的发展加快了移动设备及平台的迭代速度，每一项技术革新都可能对企业的发展产生深远的影响。这就要求企业要关注行业热点，预测行业走势，及时在平台中添加新设备或其他变量，始终走在行业前沿。

5. 简化工作流程

移动营销强调企业以简洁、高效的方式处理问题，降低工作的复杂性。企业不应为每个具体问题或特定移动设备单独制定解决方案，而应系统性地梳理问题，或先为某种设备制定完善、体系化的解决方案，然后将其灵活迁移至其他设备。这种方法不仅简化了工作流程，还显著提升了用户的体验。

6. 评估营销效果

每次进行移动营销后，企业都要根据链接的点击情况、用户的互动情况、产品的销售情况等对营销效果进行评估。这可以帮助企业了解用户的实际需求及关注点，从而在后续营销中为用户提供更有针对性的服务。

7. 提升用户体验

优质的用户体验是提升用户对品牌的好感度和忠诚度的关键。企业应充分发挥用户视图及用户数据分析结果的价值，针对用户的使用习惯、需求及偏好，进一步提升其使用体验。例如，根据用户偏好定制个性化营销内容；优化导航和搜索功能，减少用户操作步骤；设置一键支付功能，简化购买流程，引导用户完成消费。

以上七个方面可以帮助企业深入洞察用户需求，根据用户使用产品的场景为其提供针对性更强的营销内容。同时，通过深入挖掘用户行为的深层含义，企业可以把握更多商机，实现更高的营销目标。

9.4.3　链接营销：告别"失联关系"

在互联网时代，整个社会都处于链接中。企业需要抓住这一趋势，布局链接营销，与用户建立紧密的联系。具体而言，企业可以从三个方面出发开展链接营销，如图 9-3 所示。

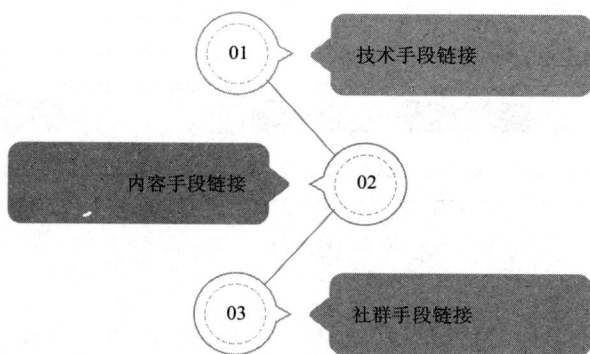

图 9-3　开展链接营销的三个方面

1. 技术手段链接

技术手段链接是指企业搭建一个平台，企业与用户在线上就可以互动。用户可以通过这个平台深入了解企业，企业的营销效率得以提高。

例如，某企业借助大数据、人工智能等技术打造了一个服务平台，与用户实现了更紧密的连接，进一步推动了服务转型。该服务平台由用户、前台、后台、支持四个部分组成，如图 9-4 所示。

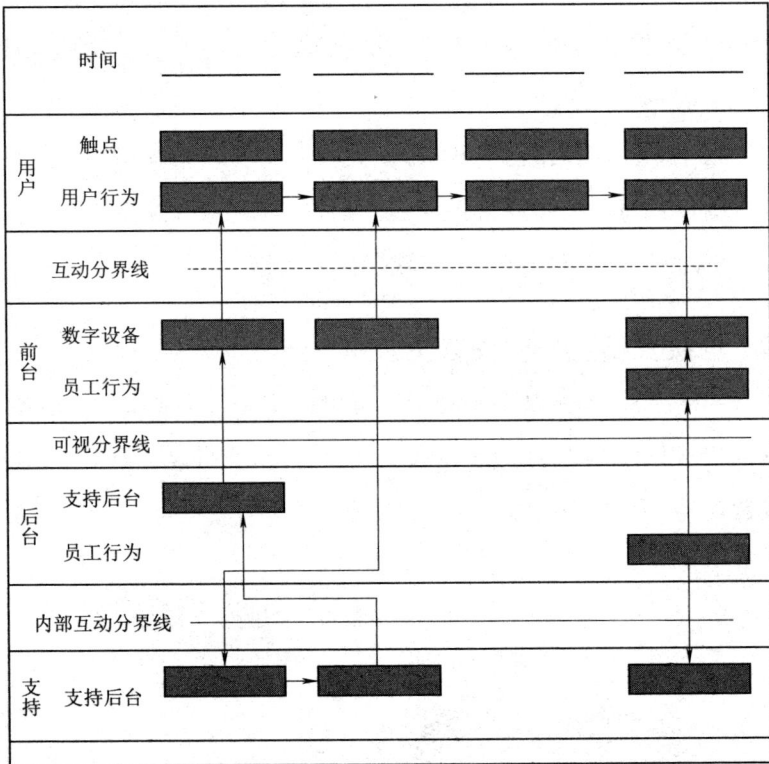

图 9-4　某企业的服务平台

其中，用户部分包括触点和用户行为，是用户的体验节点。企业要清晰地罗列出用户在什么节点下做出什么行为，这样才能更好地服务用户。前台是与用户产生互动的具体环节，包括数字设备、员工行为等，用户可以享受具体的服务。后台负责给前台提供技术方案支持。支持是内部人员和外部人员进行服务的步骤和互动行为。

企业的资源是有限的,几乎不可能在每一个节点都给用户提供完美的消费体验。因此,企业需要借助服务平台配置资源来提供更好的服务,进一步优化用户的峰值和终值体验。

2. 内容手段链接

内容手段链接通常是指企业通过抖音、快手、小红书、知乎、微博、微信公众号等平台向用户传播营销内容,吸引更多用户关注企业,强化企业与用户之间的连接。

例如,知乎等知识型平台的用户大多是拥有较高文化素养和求知欲的年轻人,企业可以针对此特点,深挖年轻人感兴趣的话题,着重宣传企业的核心理念,从情感、价值观等方面与用户产生共鸣,用内容征服用户。

3. 社群手段链接

社群手段链接是互联网发展背景下催生的一种新型链接方式。通过直接将用户引入社交软件的社群中,企业不仅极大地提高了与用户之间的沟通效率,还能在用户提出问题时迅速响应。相较于传统的店铺销售的方式,社群链接大幅提升了产品销售效率。

为了有效管理社群,企业需要关注以下几个关键要素:

(1)载体。企业要根据自身情况选择合适的载体,如朋友圈、微信群、社区、论坛、会员体系、俱乐部等。借助这些载体,企业能够与用户建立更为紧密的连接,使社群发挥最大价值。

(2)价值。在社群价值构建上,企业可以通过分享专业知识或提供资源与用户建立连接。同时,情感化营销同样重要,可以通过情感纽带将用户紧密地团结在一起。

(3)内容。在内容运营方面,企业可以发布与新闻热点相关的内容,为社群引流。此外,发布媒体内容和广告也是推广产品的有效手段。除了企业自身打造的专业社群内容,企业还应鼓励社群成员积极参与内容创作与分享,以丰富社群内容,激发社群活力,促进成员间的互动。

综上所述,企业需要巧妙地将这三种链接方式融合,以实现最佳的链接效果,推动链接营销的创新发展。

9.4.4　快闪店:互动为主,销售为辅

在数字化转型趋势下,一些新型的营销方式应运而生。快闪店就是其中一种比较受企业欢迎的新型营销方式。

相较于传统的购物中心,快闪店是一种截然不同的商业形态。企业会精心挑选一个合适的地点,搭建起临时性的销售空间,在限定的时间内展示和销售产品。一旦期限届满,快闪店便会被拆除。

这种"短暂亮相,话题引爆,知名度飙升,然后悄然离场"的快闪店模式,已经吸引了众多企业的目光,并逐渐演变成数字化营销的一种新思路。它不仅具有低成本、易于制造热门话题和宣传效果显著的优点,更巧妙地抓住了消费者的心理。无论是对新事物的好奇,还是对限量版产品的追求,快闪店都能精准地满足消费者的心理需求。

例如,香水品牌 Marc Jacobs 曾经开设一家快闪店,主要销售 Daisy 香水。这家快闪店只营业了 3 天,消费者如果想购买产品,就要在自己的社交账号上为快闪店宣传,以此作为购买产品的凭证。

尽管这家快闪店在 3 天营业期结束后被拆除,但消费者拍摄并上传的照片仍在社交媒体上流传,引发了广泛的讨论和关注。通过这种独特的推广方式,这家快闪店的知名度和影响力得到了极大的提升,品牌也因此在消费者心中留下了深刻的印象。

对想要进行零售转型的企业来说,开设快闪店是一个不错的选择。不过,要想做好这件事并没有那么容易,企业必须牢牢把握以下四个要点:

1.选择合适的地址,抢占流量入口

企业要开设快闪店,创意虽然非常重要,但选址方面的考量也必不可

少。如果地址不合适，即便快闪店设计得多么有吸引力，也很难带来理想的销售业绩。当前，画廊、手工艺集市和艺术馆逐渐成为快闪店选址的首选。企业在选址时，应确保快闪店的定位与所在地区的主力消费群体高度契合，以最大限度吸引潜在顾客。

2. 通过社交媒体进行预热

在开展快闪活动前，在社交媒体上进行预热不可忽视。例如，在快闪店正式开业的前几个月，Marc Jacobs 就进行预热，举办了一场名为"粉丝拍摄时尚大片"的活动，获得了非常热烈的反响，报名人数超过 7 万。Marc Jacobs 从 7 万人中选出了 9 人拍摄品牌的秋季广告。这种策略不仅聚集了人气，还起到宣传裂变的作用，促使老消费者拉来更多新消费者。

3. 多摆放带有传播属性的产品

快闪店追求的并不是堆积更多产品，而是应该注重产品的传播属性。企业可以选择将新品或限量版产品作为快闪店的主打产品，以吸引年轻消费者的关注。同时，将具有社交传播属性以及潮、酷、炫特质的产品摆放在快闪店内也是一个明智的选择。

4. 加强与消费者的互动，提升消费体验

加强与消费者的互动是提升消费体验的关键。例如，爱马仕曾开设的一家快闪店，以洗衣机为灵感，为消费者提供免费清洗丝巾的服务，赢得了大量好评。

企业若想开设一家成功的快闪店，就要摆脱传统的销售思维，更多地关注线下展示、消费者参与、产品体验、优质服务、专业咨询以及定制生产等方面。通过为消费者提供优质的消费体验，企业可以加深消费者对品牌、产品的好感，从而激发其再次产生消费需求。

第 10 章

数字化助力供应链转型

在当今的商业环境中，供应链管理已成为决定企业竞争力的核心要素。一个高效的供应链不仅有助于企业提升运营效率，还能显著降低运营成本。随着数字化浪潮的推进，企业供应链转型已迫在眉睫。为了保持竞争力，企业需要紧跟时代步伐，对传统供应链进行革新，借助人工智能、云计算等前沿技术构建数字化供应链。

10.1 传统供应链难以适应数字化时代

在数字化时代的背景下，传统供应链缺乏灵活性、协同效率低下等弊端逐渐暴露。企业需要对自身供应链进行评估，识别其是否已过时，并积极推动其实现数字化改造，以应对时代挑战。

10.1.1 缺少弹性，难以应对需求波动

市场需求是动态变化的，基于此，企业供应链管理存在一些不确定因素。一方面，市场需求变化会直接影响供应商的产品供应数量；另一方面，

物流配送延误会导致供应商无法按时交付产品。

第一种不确定性又被称为"需求变异加速放大原理",即由于供应链上的企业只能根据相邻的下级企业的需求确定自己的生产量,需求信息的偏差会随着信息的流动逐渐被放大,最终导致供应链两端的企业获得的需求信息存在极大的偏差。

通常情况下,为应对市场需求波动,供应链上游的生产商通常会生产多于需求的产品,经过整条供应链的传递后,产品的库存量将远大于市场需求量。同时,由于需求偏差经过多级放大,为满足下游需求、保证需求供应的及时性,供应链最上游的生产商会进一步扩大产量,并自行承担额外的库存成本。

第二种不确定性是由物流配送过程中生产环节和运输环节的多次延迟导致的。在产品生产环节中,生产设备的使用时间会直接影响产品的供应情况,设备的使用时间越长,不确定性就越低。

物流运输环节的延迟问题源自供应链的链式结构。这种链式结构会使延迟问题成倍增加,出现"一步迟、步步迟"或者"一步顺、步步顺"的极端情况。在现实生活中,天气情况、突发事件等都会对运输环节产生影响,从而影响产品的交付时间,间接阻碍产品的组装进程或销售进程。

这两种不确定性分别对库存成本和用户满意度产生影响。相较之下,需求偏差只会增加上游供应商的库存,而物流延误将直接影响产品的销售情况,因此,企业应更加注意物流延误问题。

例如,某家电生产厂家采用分批供货的方式向经销商大批量供货,但某笔订单的最后一批产品没能按期交付。与此同时,市场上出现了类似功能的新型产品,经销商因此拒绝收货,这家家电生产厂家损失惨重。

进行供应链管理是为了更好地实现物流供应,在某种程度上,也是为了避免这些不确定性带来的不利影响。企业只有将不确定性因素的影响降至最低，保证产品在供应链上正常流动，同时降低采购和库存成本，才能更好地应对市场需求变化带来的挑战，优化供应链管理，提升竞争力。

10.1.2　协作能力低，缺少全球化意识

随着经济全球化的发展，实现供应链全球化协作是很多企业的目标。但传统供应链在这方面的能力不足，难以实现全球化的外部协作，其原因主要有四个，如图 10-1 所示。

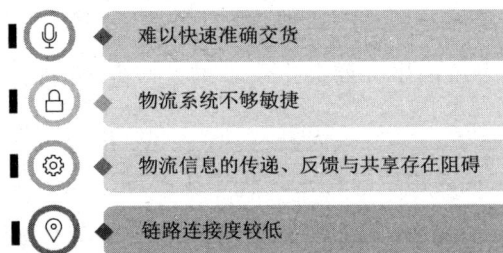

图 10-1　传统供应链无法实现全球化的外部协作的四点原因

1. 难以快速准确交货

快速准确交货体现了物流管理在供应链全球化协作方面的价值。传统供应链中各物流职能部门配合度较低，物流管理效果不佳，信息传递和利用效率较低，企业难以实现快速准确交货。

2. 物流系统不够敏捷

实现全球化的外部协作需要灵活、敏捷的物流系统，但传统供应链的物流响应的灵活度不足、支持条件不够，导致原材料的供应常常在数量或质量上出现问题。此外，传统供应链上各生产组织的配合度较低，常常导致无法交货或延期交货，降低了物流系统的运转效率，难以实现全球化的外部协作。

3. 物流信息的传递、反馈与共享存在阻碍

信息共享是供应链进行全球化协作的关键环节。传统供应链的物流信

息需要逐级传递,企业之间的物流信息往往相互保密,准确地传输、反馈物流信息对于传统供应链上的企业来说是比较困难的。

4. 链路连接度较低

要想实现供应链全球化外部协作,就需要供应链上的企业具备协作意识和整体利益观,且各个企业的物流系统具备较高的集成度。但传统供应链上的部分企业往往为了实现自身利益最大化,与其他企业恶性竞争,降低了供应链的协作能力。

10.2　如何实现供应链数字化转型

在数字化背景下,企业应如何实现供应链的数字化转型呢?关键在于积极应用人工智能、云计算等前沿科技,对仓储和物流管理进行升级。通过打破供应链中各要素之间的流通障碍,消除上下游企业间的隔阂,企业能够显著提升供应链的运作效率。

10.2.1　人工智能＋仓储:以智能补货实现供需平衡

产品的销售往往受到天气、价格、季节等多种因素的影响,因此,在实际销售过程中,企业可能会遇到意想不到的销售良机。在这种情况下,如果企业的仓储管理出现问题,无法及时提供充足的产品满足市场需求,那么企业就有可能错失良机。

为了避免这种情况的发生,企业可以利用人工智能技术对仓储管理进行优化,实现智能补货,从而确保供需平衡。这样,无论市场需求如何变化,企业都能迅速响应,抓住每一个销售良机。

具体来说,如果企业可以建立智能补货算法模型,通过供销数据实现智能补货,就可以拉开自身与竞争对手之间的差距。利用模型实现智能补货其实就是利用大数据、人工智能等互联网技术帮助门店制定补货策略,具体步骤如下:

第一步,库存数据清洗入库

掌握数据,便能更好地进行管理。企业应该将各个仓库的库存数据统一入库并应用于补货模型,方便管理人员进行调取。企业还要对产品库存的变更情况进行实时更新,为每个对产品销量产生重大影响的因素建立专门的数据库。

企业掌握的数据越多,建立的补货模型就越精准。企业管理者可以考虑使用库存智能识别技术、RFID 等物联网相关技术辅助产品的追踪。

第二步,供应链考察

在将产品的库存信息进行整合后,企业还需要对整条供应链进行全面考察,了解从订单产生、供应商响应,到产品送达的全过程,从而实现供货路径的最简化,实现联合补货,进一步提升自身的库存管理水平。

为更有效地支持这一流程,企业可以搭建 ERP 系统,邀请供应商上传供应链信息,以便企业实时监控和管理。

第三步,搭建模型框架

企业需要将第一步、第二步收集到的信息进行梳理,将数据处理后,通过算法找出它们之间的规律或逻辑结构,为智能补货模型的构建奠定坚实的基础。在设定好必要的变量后,智能补货模型的基本框架就搭建完成了。

为了确保模型的准确性和有效性,企业还需密切关注产品销量的每一次明显波动,深入分析其背后的原因,并据此制定相应的应对策略和解决方案。

第四步,完善补货模型

首次构建的补货模型可能由于数据偏差等原因而需要进一步完善和调整。为了确保模型的有效性和准确性,企业在模型运行一段时间后应对其进行全面评估,识别并修正可能存在的缺陷。这可能涉及检查模型是否遗漏了关键变量、是否错误地使用了某些变量,以及模型是否适用于所有场景。

经过不断完善和优化,补货模型框架将升级为一个全面且成熟的模型,这时,企业可将其正式投入使用。在使用过程中,企业还需持续对模型进行迭代和升级,以适应市场变化和业务需求。值得注意的是,模型性能会随时间衰减,因此定期回检模型是构建智能体系不可或缺的一环。

通过遵循上述步骤,企业建立的补货模型将能够有针对性地解决库存问题,提高资金周转率,并显著减少积压库存。

实际上,补货的过程也是将供应链的上下游进行连接的过程,可以帮助企业精准掌握门店的库存情况,从而对产品的销售情况进行预测,确保产品供应与市场需求的匹配。

10.2.2 搭建动态运输网络:实现运输全流程透明化

在传统供应链模式下,企业主要服务于经销商,定期向其提供大量产品,产品的运输环节相对固定且稳定。然而,在当前的商业环境中,用户成为企业服务的核心对象。为了满足用户的个性化需求,企业需积极打通多个渠道,实现运输的灵活性和多样性。

具体而言,企业需要搭建起灵活、多变的动态运输网络,如图 10-2 所示。

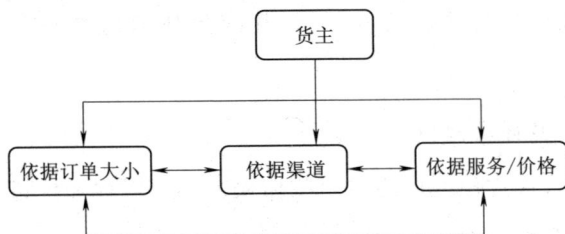

图 10-2　动态运输网络

信息与身份的双重透明，是搭建动态运输网络的前提。其中，信息透明是最基本的诉求，即企业可以通过网页端、移动端实时获取物流信息。信息透明可以加强对承运商的约束，使物流运输过程更灵活、高效。身份透明则更进一步，是企业基础诉求的升级，即企业可以明确全链条中各个环节的负责人。这使得各环节的职责更清晰，简化了后期的对接工作。

动态运输网络还会增强企业间的协同。在移动互联网成为物流管理的核心工具后，各物流企业逐渐连接形成错综复杂的物流网络，极大地提升了物流运输的效率，使规模化的跨组织协同成为可能。

物流信息化、流程数字化是打造动态运输网络的基础。物联网、云计算、区块链等先进的互联网技术都将成为催生物流新模式的重要推动力。这种灵活、多变的动态运输网络也可以进一步推动供应链的数字化转型。

10.2.3　"四流合一"：打破上下游企业壁垒

企业供应链管理涉及企业上下游的诸多企业。在供应链数字化转型过程中，企业需要打破上下游企业间的壁垒，实现上下游企业的连通，进而提升供应链运作效率。

在供应链运营参考模型中，任何企业与上下游企业都密不可分。供应链中包含"四流"，即商流、资金流、信息流、物流，这"四流"在整个供应链中流通。

企业进行数字化转型的关键是实现"三流合一"（信息流、物流、资金流的统一），因此，企业要想脱离上下游企业而独自实现数字化，显然较为困难。以下是企业整合资源、实现上下游协同发展的四个策略，如图 10-3 所示。

图 10-3　实现上下游协同发展的四个策略

1. 打通"四流"，提高供应链协同水平

企业应结合仓储、物流、配送等一系列服务，通过供应链系统整合资源，提升产业链一体化运作效率，全面实现商流、资金流、信息流、物流"四流合一"。此外，企业应借助前台和中台的敏捷配合，优化供应链运作全流程，快速应对商业环境变化。

2. 推进供应链标准化，提高数字化深度

企业应持续输出业务指标并规范供应链运作流程，推动供应链的标准化。供应链能够为企业量身定制业务标准和业务分类体系，如材料分类、供应商分类标准等，让数据沉淀更精准。

3. 汇聚资源，激发"乘数效应"

企业可以建立供应链智能管理系统，连接更多外部场景、角色和服务。通过供应链数据集中、资源聚合实现资源量化管理，从而使供应链智能管理系统驱动企业生态势能增长,提升企业供应链管理效能。

4.打破数据、业务壁垒,实现降本增效

在打破数据壁垒方面,企业在打造供应链平台时应规范数据标准,统一数据通道和数据口径,形成完整的数据画像。在打破业务壁垒方面,企业可以将有共性的业务提取出来,转变为一个公共服务,使之在一定程度上脱离业务束缚,以更加及时、便捷地提供服务。

总之,企业应建立完善的供应链系统,将供应链上的各种资源充分整合,连通上下游生态,打造高水平的数字化供应链,实现供应链对数字化业务的整体赋能。

10.3 案例分析:供应链数字化转型标杆企业

在供应链数字化转型方面,很多企业已经做出了探索,并取得了很好的成效,如宜家、华为、宝洁等都是典型代表。

10.3.1 宜家:以模块化设计降低成本

在供应链管理中,模块化设计以其独特的优势,成为降低企业管理成本的有效手段。通过模块化设计,企业能够灵活组合运输方案,减少运输过程中的资源浪费,从而节约成本。

宜家的模块化设计正是基于成本控制的理念,致力于在同等价格下实现更低的设计成本。这种设计策略不仅体现了宜家的创新精神,更成为其参与市场竞争的一大优势。

在包装设计方面,宜家考虑到家具运输车在装满货物后往往会存在大量空隙。为了更好地利用这些空隙、降低运输成本,宜家利用数字分析技术推出"平板包装"的包装设计理念。宜家的平板包装设计具有面积小、体积小、稳固性强的优点,能够在一定程度上节约包装面积、存储空间和运输空间。宜家的"平板包装"理念大幅降低了仓储成本、运输成本和商品的损坏率。

在采购方面,宜家在全球范围内通过数字网络大批量地购买原材料,最大化地降低采购成本。在生产方面,宜家的设计师在设计过程中会就能否更经济地利用一块木板或能否少用一个螺丝钉而进行细致的考量。例如,宜家做抽屉所用的小木板多数由床板、衣柜等大型家具在制作过程中被分割出来的额外用料而来,从而最大限度地提高了原材料的利用率,极大地节省了生产成本。

在销售方面,宜家开发了宜家家居 App 和自助提货仓。客户可以通过宜家家居 App 在线选择需要购买的产品。客户通过 App 选择好产品之后,App 会自动推荐距离客户最近的自提点,客户可以前往自助提货仓自行提取货物。这节约了宜家的销售成本和服务成本。

宜家将模块化理念深度融入产品设计、采购、生产、运输及销售的整个业务链条。通过这一策略,宜家能够最大化地控制经营成本,在竞争激烈的商业环境中始终保持稳健且持续的盈利状态。

10.3.2　华为:竭力满足用户需求

在服务用户的过程中,华为始终坚持以用户为中心的理念。在进行供应链数字化变革时,华为依然以用户为中心,通过提升供应链运作效率,更好地满足用户需求。在这种思路的指导下,华为制定了详细的变革方案,并采取了一系列变革措施。

1. 重新规划布局供应网络

对供应网络进行规划布局其实就是根据供应网络中各个节点面向的用户群体、承接的产品类别,确定各节点的类型、位置、规模以及产品的运输方式等基础信息。除了这些基础信息外,华为还考虑了空间成本与时间成本之间的平衡问题,在确定地址、规模的同时兼顾了服务成本、库存情况、运输成本,进一步确定最佳的布局方案。

2. 制定集成度高的供应链管理方案

在确定了供应网络的布局方案后,还要解决销量预测的问题,对供应网络进行进一步完善。随着市场呈现井喷式的发展态势,对产品进行准确的销量预测变得愈发重要。如果预测量高于实际需求量,将导致大量库存积压,占用企业的流动资产;反之,如果预测量低于实际销售量,则可能引发供应不足的问题,无法满足市场的需求,进而影响客户满意度。

为了解决这个问题并进一步提升订单管理水平,华为积极深入市场前端,推动排程系统的落地执行。为确保系统有效运转,华为要求销售、生产、采购部门每月都对供需差距进行核查,以及时发现潜在问题并对采购、生产和交付等工作计划进行调整。

3. 实现供应网络的数据共享

华为向海外地区同步推行了合同订单集成配置器,进一步推动供应网络的数据共享,加快订单处理速度,为各类计划方案提供精准的数据支持。

与此同时,华为还加强了对交付的逻辑和算法的研究,根据供应中心的能力为其分配订单。用户下单后,供应链系统可以将订单分配给线路最优、成本最低的供应中心。这样不仅可以压缩运输周期,节省运输成本,还可以对供应网络的整体结构进行优化,增强订单交付能力。

华为与许多大型物流企业建立了战略合作伙伴关系,并将一些业务外包给本地的物流企业,这样不仅可以保证产品运输的质量与效率,还能显著降低物流成本。华为对自身服务水平的持续优化，有效提高了用户的忠诚度，提升了用户的品牌信任度，对于提升华为的综合竞争实力有着重要意义。

10.3.3　宝洁：以"千场千链"提升运营能力

在供应链数字化转型方面，宝洁提出"千场千链"的目标，即针对"千店千面"的商业环境和"千人千面"的消费者，打造高速运转的数字化供应链方案，使供应链能够快速响应当前需求、预测未来需求。

在打造"千场千链"的过程中，宝洁主要采取了以下四种措施：

1. 建立更高效的生产、流通链路

宝洁对生产流程和运输流程进行了智能化升级，竭力提升供应链的单点效率。

在生产方面，宝洁借助工业 4.0 科技升级智能制造，打造柔性生产能力和自动化生产能力，提升生产效率。此外，宝洁与阿里巴巴强强联合，借助电商平台的大数据能力预测用户需求，研发适销对路的新产品，最大化地满足用户需求。

在物流运输上，为了缩短产品与用户之间的流通链路，宝洁重新构建了物流网络，将单一的一级分销供应链升级为双层的动态网络。其中，第一层为大型物流中心，第二层为前置分销中心。

2. 打造全链路的数字化协同运作模式

宝洁深入推进全链路的智能化和数字化，提升获取供应网络各端实时状态的能力和物流运输全链路效能。宝洁借助统一的数字化架构进行供应链网络设计，并不断优化供应链决策，营造可追溯、可识别、可互动的供应链运营环境。

在协同各端制定最优供应链决策上，宝洁推动流程的自动化，用人工智能替代人力工作,在一定程度上避免了人为的工作差异,提高供应链运营效率。此外,宝洁还通过数字孪生技术对供应链实时数据进行数据建模,并仿真模拟解决方案的实际应用效果。

3. 实现仓储的降本增效

宝洁携手分销商,借助先进的智能预测技术,实现了智能补货。基于门店的补货规律以及供应链的快速响应能力,宝洁运用先进的算法,对仓储库存和销量趋势进行精确预测。此外,宝洁与 B 端用户建立了紧密的合作关系,共同推动商品订单量稳步增长,并显著提升供应链的响应速度。

不仅如此,宝洁还创新性地推出"大数据产品风向标"全域数据与智能标签平台。该平台融合了人、货、场等多维度数据,助力零售商实时洞察市场变化,精准把握消费者需求。通过该平台,宝洁能够为用户在最合适的场景下提供匹配的货品,进一步提升用户满意度和市场竞争力。

4. 提升电商订单响应率

宝洁在电商运营方面开创了宝洁工厂直发用户的新模式,从接收订单到发货,最快只需要 100 秒,极大地提升了电商平台订单的响应率。同时,宝洁还借助三级仓网打造自动化物流体系,从而保证订单的时效性。

宝洁的运筹中心基于用户订单特点、不同仓库的库存和供应链响应能力,制订品类配置分仓计划,尽可能地为每个订单制定最优运输路线。宝洁的自动化物流以多级动态仓网降低了链路运输成本,提升了物流运输时效性,极大地提升了用户电商购物的物流体验。

宝洁的"千场千链"目标深入贯彻了"以客户为本"的经营理念和协同发展的原则,提升了供应链的灵活性。宝洁不仅在内部实现了供应链协同高效运作,还在外部实现了与合作伙伴协同发展,成功打造了"千场千链"的数字化供应链体系。

第 11 章

数字化提升采购质量

随着数字技术的发展,采购数字化已成为企业提升运营效率、应对数字化竞争的重要手段。借助数字化采购,企业可以面向更加广阔的供应商市场,选择高质量的供应商,从而拓宽采购渠道,提升采购质量。

11.1　企业采购进入新阶段

技术与采购的结合,引领企业采购迈向一个全新的发展阶段。面对这一变革,企业需积极布局,主动进行采购数字化转型,以进一步提升采购效率,在激烈的市场竞争中立于不败之地。

11.1.1　数字化采购的三个前提

数字化采购的实现需要企业利用数字技术重构采购业务,实现采购业务的重塑。在进行采购数字化转型之前,企业需要做好转型准备,以下是实现数字化采购的三个前提:

1. 建立端对端的采购流程

企业的数字化采购需要以端对端的业务流程为基础。企业可以通过集成内部信息系统的方式，提升采购管理与供应商管理的透明度，实现预算规划、需求分析、供应商寻源、库存管理、付款结算等环节的数字化，从而突破行业和地域的限制，充分挖掘采购变革的战略价值。

2. 实现采购数据共享

精准、海量的数据是打造数字化采购系统的基础。但与供应商、用户实现数据共享是一项复杂、烦琐的工作。在开始阶段，企业或许无法与所有供应商、用户实现数据共享，但企业可以有序地推进数据共享系统的建设。企业可以以战略供应商与战略用户为切入点，搭建数据共享平台的框架，再以点带线、以线带面，打造完善的数据共享平台。

3. 拥有数字化的技术手段

在多种数字技术的基础上打造的数字化采购系统可以帮助企业将供应链中的各个环节连接起来，实现真正的数据互联。例如，5G 技术的广泛应用为采购环节信息的传输带来跨时代的变革，极大地提升了采购效率。

数字技术为供应链的每个环节注入了新的活力，使其能够与数字化系统充分融合，全面释放数字化的潜能。然而，如何在确保规模效应的同时，增强企业的应变能力，以灵活应对瞬息万变的市场需求，已成为数字经济时代企业所面临的一个重大挑战。

为了应对这一挑战，在数字化转型过程中，企业需要同步对其管理模式进行创新与升级，构建稳定、敏捷的组织架构，以整合并提升采购管理能力。

随着数字化浪潮的推进，传统的采购业务也受到了影响。在这一背景下，数字技术将成为企业充分挖掘采购业务潜能的强大引擎，助力其开辟全新的数字化发展空间。通过巧妙地运用这些技术，企业不仅能够优化采购流程,提升效率,还能在激烈的市场竞争中占据有利地位。

11.1.2　企业如何开展采购数字化转型

企业该如何开展采购数字化转型? 一般来说,企业需要进行以下几个方面的工作:

1. 确定采购管理模式是采购数字化转型的前提

采购管理模式有很多种类,如分散型采购管理模式、集中型采购管理模式、品类型采购管理模式、功能型采购管理模式等。企业需要选择符合自身业务发展需要及经营管控要求的采购管理模式。

例如,有的聚焦于单一产业的企业,建立了贯穿各级下属公司的采购管理组织,采取集中型采购管理模式。而有的综合型、多元化企业,从集团战略出发,建立涵盖风险管控、综合服务和管理赋能的采购管理模式。在这种模式下,总部负责制定宏观的采购管理政策、方向,下属企业根据业务性质及自身特点制定个性化的采购管理策略。

2. 依法、合规是采购数字化转型的基础

依法、合规是采购管理的重中之重,在采购数字化转型的道路上,无论开发什么数字化工具、应用什么数字化平台,都应在依法、合规的基础上进行。通过总结大多数企业的做法,可以发现采购数字化转型实践具有以下共性:

(1)建立完善的采购管理制度和组织体系。无论是采购数字化还是采购线上化,企业首先需要建立一套完善的采购管理制度,为各类采购行为和采购管理活动设定明确的基本要求。同时,企业需要组建一个贯穿各级组织的采购管理团队,无论是全职还是兼职人员,都需要承担起一定的采购执行和采购管理职责,确保采购管理制度、政策和要求顺利实现。

(2)打造统一的数字化交易平台。借助信息化手段,企业可以将传统的招投标活动迁移到网络平台,实现采购的线上化。例如,招投标活动的招、投、开、评、定等环节都实现了线上化,数据也在网络上得到沉淀,为企业数字化转型奠定了基础。在这一阶段,各企业通过统一的数字化交易平台,推动了采购工作的规范化、标准化和可视化。

(3)利用信息化手段实现合规管控。当企业实现了采购信息化后,采购数字化转型便步入正轨。例如,许多企业在采购信息化的基础上,将采购制度、政策和要求等嵌入到系统中,通过设定规则来管理和控制相关风险;还有一些企业利用信息化工具实现文件、清单的结构化,并在合规的基础上开展数据分析,探索采购智能化的可能性。

3. 从"管流程"转变为"管数据"

在传统的采购管理模式下,流程规范化是核心,但在数字化浪潮中,企业应进行根本性的转变。数据是数字化时代的核心战略资源,随着采购信息化的推进,其重要性愈发凸显。采购信息化不仅是一个记录、采集数据的过程,更是一个积累、沉淀数据资源的关键阶段。

目前,采购全流程的数据提取和系统记录已经实现,包括立项、信息发布、预审、备标、开标、评标、定标、终止、结束等环节。当采购过程中的数据积累到一定程度,基于数据的深度分析便成为可能,数据将成为企业不可或缺的生产资料。因此,如何有效管理和运用这些数据成为企业间竞争的新焦点。

然而,更为关键的是,采购管理的变革不局限于技术的升级,还要求企业在管理理念上进行革新。现代企业必须摒弃传统的项目式和库存式思维,转而拥抱供应链管理的全局视角。这意味着企业需要从单纯关注质量、价格、交货期,转变为对供应链全域价值的全面考量。只有这样,采购管理才能真正转型为供应链管理,企业才能真正理解采购数字化转型的深刻内涵并推进其进程。

11.2　数字化创新采购模式

在数字化浪潮的推动下,一些创新型的采购模式应运而生,如共享采购、协作采购等。这些模式不仅代表了采购领域的最新发展,也为企业的采购数字化转型提供了参考和借鉴。

11.2.1　共享采购:降低采购风险

传统采购方式存在许多问题,如效率低、成本高等。随着技术的发展,许多企业开始探索新的采购模式。其中,共享采购因具有高效、便捷的特点,受到了许多企业的青睐。

互联网具有共享的属性,借助互联网,企业可以更快地接入全球性的资源和服务,并借助第三方采购平台进行集中采购,从而快速形成规模经济。互联网将线上的信息整合与线下的采购过程进行有机结合,从而以最低的成本创造最大的价值。低成本、多元化的共享采购模式将替代传统线性、封闭的采购模式,推动资源的社会化交换。

同时,随着新一代数字技术的广泛应用,企业的采购模式由面向供应链的电子采购转变为面向社会的互联网采购。共享成为新型采购模式的重要特征,极大地提升了采购工作的效率和质量,帮助企业更好、更快地创新业务模式,降低运营风险。

共享采购中的共享可以是企业内部各个部门之间的共享,也可以是不同企业间的共享。它实现了采购业务的再分工,使企业可以用最低的成本获取最佳的采购服务。如今,越来越多的企业借助共享采购模式实现了采购业务的数字化转型,向社会化的智慧采购新生态迈进。

11.2.2　协同采购:培养人才,搭建平台

协同采购是一种高效的采购模式,有助于企业及时响应用户需求,降低

采购成本。从方式上来看,协同采购包括企业内部协同和企业外部协同。

1. 企业内部协同

内部协同需要人才和组织架构的支持。战略协同采购涉及交货期、货物质量、采购流程维护等事项,要求采购人员和企业各部门能够进行充分、有效的合作。因此,企业要注重采购人员和采购组织的培养与建设。

企业应将采购的组织架构覆盖整个企业,并设立首席采购官,使采购组织能够与生产部门、财务部门、销售部门进行充分的协同和互动。同时,采购模式应从被动响应向主动协同转变,采购职能应从事务性工作向专业性工作转变。

2. 企业外部协同

在外部资源管理上,企业可以和供应商建立合作伙伴关系,并为供应商提供必要的教育培训和信息反馈,以提升供应商的供货效率和质量。企业也可以积极参与到供应商的产品设计流程中,建立多层次的供应商网络,以提升外部资源管理能力。

此外,企业可以搭建协同采购管理平台。企业应以数字技术作为协同采购的支撑,利用企业管理平台实现高效的协同采购。

(1)企业可以通过协同采购管理平台进行采购预测。企业将所期望的服务水平和产品效果提供给供应商,供应商将其所能提供的服务反馈给企业。

(2)企业可以进行库存信息的协同。企业可以及时将物料库存情况反馈给供应商,增强供应商对上游企业的可视性,从而提高供应商的交货效率。

(3)企业可以进行采购计划的协同。企业可以将采购计划传达给上游供应商,供应商根据企业的采购计划进行合理的生产。

(4)企业可以进行产品设计的协同。在研发新产品时,企业可以将新产品的零部件需求及时传达给供应商,以确保供应商能够第一时间给企业供货。

协同采购在一定程度上强化了企业与供应商之间的合作伙伴关系。为了能够更好地与供应商相互配合,企业应该依托数字技术和平台加强与供应商的实时交流与互动,以畅通并优化采购流程。

11.2.3　小米＋支出宝:建设数字化采购系统

随着业务的扩张和企业规模的快速增长,传统的采购模式已经不能满足小米发展的需要。基于此,小米通过采购数字化升级,大幅提升了采购效率。小米在采购数字化转型方面主要采取了以下三个措施:

1.流程升级改造

未升级之前,小米的采购工作大多在线下进行,导致采购流程无法留痕,难以实现流程的透明化。加上各个采购系统有相对独立的审批流程,导致整个采购流程难以形成闭环,引发了一定的采购风险。

基于以上问题,2020 年 12 月,小米启动了"非生采购数字化"项目。之后,小米以中国区采购系统作为立项范本,由点及面地扩大项目覆盖范围;加强物料类、服务类等方面的需求管理,实现招标、采购等全流程线上化,打造线上采购闭环。

2.提出选型五要素

出于对"非生采购数字化"项目的前瞻性考虑,小米成立了专研项目组。项目组成员包括采购部门、市场部门、技术部门和业务部门的核心人员。同时,小米开展了深度的市场调研,以对市场上各个数字化采购供应商进行详细的对比和了解。

在选型阶段,小米主要关注项目计划、项目团队、系统架构、产品逻辑、使用体验五个要素,而数字化供应商"支出宝"很好地满足了小米对这五个要素的要求。支出宝"轻咨询"模块化的解决方案以及快速部署、快速迭代的数字化能力,能够满足小米快速响应市场变化、及时调整策略等敏捷性需求。

3.解决三大采购核心问题

与支出宝合作后,小米立即实施采购项目。小米的业务繁杂,要想实现采购逻辑与产品的紧密结合,就需要解决需求管理、招采管理、供应商管理三个核心问题。

在需求管理方面,支出宝为小米在系统中设定了需求分配逻辑并打造了需求受理台这一功能。该功能能够根据采购品类和金额自动分配采购需求,并且自动传输至采购人员的待办事项系统中,采购人员可以实时关注事项进展。

在招采管理方面,支出宝为小米在系统中增添了多项招采功能和预算金额管控功能,使招采的下单金额不能超出定标金额。

在供应商管理方面,小米将供应仓库分为四类,分别是储备库、临时库、正式库、冻结库。在供应商的准入管理上,小米为不同品类的供应商设置了不同的准入门槛,并分别设定了供应商的单笔交易上限和年度交易上限,从而更好地把控交易风险。

小米的数字化采购项目实现了数字化系统在采购业务领域更深层次的拓展,使小米采购模式的数字化转型取得了显著的成效。

11.3　数字化渗透采购各阶段

企业的采购流程涵盖了前期的招投标、中期的合同协作以及后期的财务结算等多个阶段。数字化采购不是简单的技术应用,而是需要深入这些核心阶段,确保采购全流程的数字化和智能化。

11.3.1　前期:规范企业招投标流程

数字化采购基于大数据、人工智能等技术,能够提升采购效率,让采购更加便捷。在采购前期阶段,招投标是一项重要工作,而数字化采购系统中的电子招投标功能能够为企业及供应商提供一站式招投标服务。

具体而言,电子招投标功能通过在线管理、运行招标,使整个流程更加条理化,使招标业务更加规范化。电子招投标功能能够自动管理招标文件,使得采购人员能够把更多的精力用在其他事项上,节省时间和人力成本。电子招投标功能能够实现预审、招标、评标、授标全流程的自动化,极大地提升了招投标效率。电子招投标功能使招投标进度全程可视,使采购流程更加智能、清晰。电子招投标的具体实施流程如下:

(1)在邀请招标模式下,采购方招标立项时要邀请供应商参与招标。被邀请的供应商可以自行选择是否接受邀请,供应商接受邀请后即可在线参与投标、开标、评标、定标。

(2)在公开招标模式下,采购方招标立项后需要在采购协同管理平台上向库内供应商发送招标公告,供应商看到招标公告可以报名,在线参与投标、开标、评标、定标。

(3)电子招投标功能能够帮助企业实现招投标全流程的规范化管理,同时提升招标流程的透明度,为企业提供更便捷的招标服务。

11.3.2　中期:端到端的合同协作

在采购合作中,合同管理非常重要。尤其对于大型企业而言,与多家企业合作意味着需要高效管理众多采购合同。若合同管理出现问题,不仅可能引发冲突和矛盾,更有可能给企业带来不必要的损失。

在这方面,数字化采购系统可以实现端到端的合同协作,支持多方在线编辑合同,实时呈现合同变动。这意味着,合同的修改、审核和批准过程变得更加透明和高效。

在数字化采购系统中,企业可以根据自身需求自定义合同模板,从而生成标准、规范的合同文本。这不仅避免了人为因素可能引发的合同风险,还大幅提高了合同生成的效率。此外,系统支持灵活定义合同类型,以满足企业在不同业务场景下的需求。

数字化采购系统还具有电子签章功能。通过这一功能,合同双方可以便捷地以电子方式签署合同,实现了合同签订的全流程数字化。这不仅提升了合同签署的效率和便捷性,还确保了合同的法律效力。

在新时代、新背景下,企业应积极拥抱创新驱动,构建在线采购管理平台,加速业务和服务的数字化升级。数字化采购系统将成为企业实现高质量发展的重要支撑,助力企业在数字化浪潮中开拓新的发展格局。

11.3.3 后期:提升财务结算效率

传统财务结算模式下,许多财务数据都以纸质的方式呈现,这使得财务结算流程烦琐、效率低下。同时,这也容易导致财务结算出现问题,给企业造成一定的损失。

数字化采购系统能够借助机器学习、语音识别、规则引擎等技术,实现财务结算流程的自动化,大幅提升财务结算效率,从深层次上颠覆了财务结算模式。

技术是实现财务在线协同结算的基础。随着技术的发展,嵌入式分析、OCR(optical character recognition,光学字符识别)等技术使财务结算越来越智能。如今,在人工智能的支持下,财务结算能够实现人机互动。数字化采购系统能够使财务结算功能直接接收管理人员的语音指令,并在后台将其转换为计算机语言,回应管理人员的需求。

财务结算功能将那些重复性较强的财务工作进行结构化处理,减轻财务人员工作负担。财务结算功能对业务数据进行记录与传输,并为各个部门提供可视化的财务分析报告,让数据为财务赋能。

第 12 章

数字化增强财务洞察力

数字技术与财务的结合推动财务数字化转型,财务管理、税务管理等工作都将实现数字化,财务工作的效率和准确性得以提升。企业需要意识到财务数字化转型的重要性,积极推进财务共享与智慧税务建设工作,加强财务洞察。

12.1 数字化时代推动财务转型

在数字化时代,企业亟待运用数字技术与数据分析工具,优化财务业务流程,加强财务管理。在此过程中,企业还需从多个维度规范财务工作,确保财务数据的准确性与合规性,为财务数字化转型奠定坚实基础。

12.1.1 财务转型的重要性和必要性

传统的财务管理模式往往依赖人工处理大量工作,流程烦琐且易出错。在这种模式下,企业在财务管理方面存在诸多局限性,难以应对日益复杂的商业环境。因此,财务转型不仅是一项必要举措,更是企业保持竞争力、实现可持续发展的关键。

首先，传统财务管理模式中的财务工作与交易过程是相互独立的，导致财务工作中出现了许多不必要的环节。例如，许多企业都需要提前申请项目预算，但预算申请过程与实际交易过程相互独立。交易完成后，许多在审批环节已经处理过的工作需要再次处理，这会提升人工成本，降低工作效率。

其次，在实现财务共享前，企业内部的财务活动通常需要通过发票计入账单。这就使得财务工作滞后于业务活动，财务信息缺乏时效性，无法及时向管理人员反馈市场环境的变化，管理人员也因此无法及时做出决策。

最后，财务信息支撑体系存在问题。传统财务管理模式以制度为导向，将发票作为内容主体，导致财务信息并不能体现业务的实际发展状况，由此出现片面、失真等问题，无法满足企业业务管理需求。

综上所述，传统的财务管理模式不仅流程烦琐、办公效率低下，还会严重阻碍管理人员制定决策，对企业的发展造成不良影响。

相较于其他部门，财务部门实现数字化转型的速度更快，效果也更明显，这也是大多数企业优先推行财务数字化转型的原因。不仅如此，财务部门掌握着企业发展的资金命脉，会在很大程度上对企业的战略决策产生影响。实现财务数字化可以将财务人员的工作重心从重复的机械工作转移到企业的战略决策中，为企业实现全面数字化转型提供战略及经济支持。

12.1.2　财务规范化是前提

一些企业的财务管理工作较为混乱，财务制度不明确、财务业务流程不清晰，给财务数字化转型造成了极大阻碍。在进行数字化转型之前，企业首先需要实现财务规范化管理，为财务数字化转型扫清障碍。

企业可以通过图 12-1 所示的方式实现财务规范化，促进财务数字化转型。

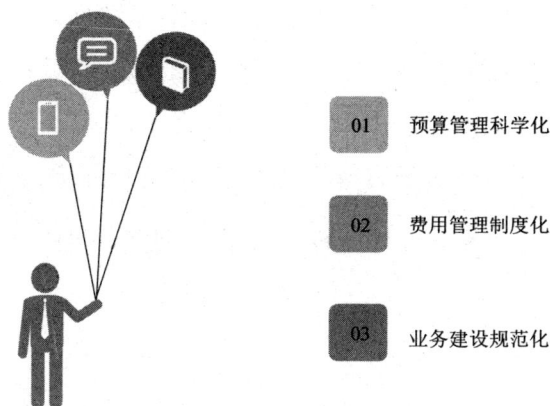

图 12-1　企业实现财务规范化的方式

1. 预算管理科学化

缺乏严谨的预算管理机制，企业就难以对财务支出情况实施有效的监控。因此，规范的财务管理应建立在真实的资金流动的基础之上，并经过多个部门的联合审核，同时保留详尽的审核记录。

企业的每项支出都应经过财务部门的评估，以严格控制预算额度。在获得审批后，财务部门根据资金状况制订支出计划。为进一步提升预算使用效率，企业可以引入奖惩或考核制度。

2. 费用管理制度化

想要实现对费用的规范管理，企业需要制定费用管理制度，包括但不限于票据、支付凭证和交易文件等材料的管理与审核制度，以确保财务部门工作流程的规范化。例如，建立完善的票据管理制度，严格按照票据使用环节设立管理账簿，对票据进行分类入账，及时记录并由经手人签字确认。

对于突发性支出，财务部门和业务部门应共同监督，结合行政和经济手段，通过行政制度严格控制费用支出，以实现经济效益的最大化。

3. 业务建设规范化

除了建立费用管理制度，企业还需要按照业务类别细化规章制度。例如，严格落实凭证登记制度，保证各项凭证及时、准确地入账；完善财税资料管理制度，将各类资料分类存放、定期整理；加强电算化管理制度，保证计算方法的科学性和计算效率。

在建立了规范化的财务管理制度后，企业可以利用互联网技术，构建高效的财务共享平台和数字化运作机制，从而推动财务管理实现数字化转型。

12.2　财务共享：数字化财务的核心

实现财务共享能够为财务数字化转型提供必要的数据支持，是推进财务数字化转型的关键。企业需要梳理财务流程，借助数字技术搭建财务共享平台。

12.2.1　财务共享的发展趋势

随着数字时代的发展，财务共享成为企业财务管理中不可或缺的一环。财务共享能够通过数字化手段，整合企业财务数据与财务资源，实现财务工作在企业内部的高效协同，提升企业财务管理水平。当前，财务共享已经成为一种趋势，具体有以下几个表现：

1. 流程柔性化

目前，各企业仅支持标准化、规范化的财务工作，主要解决用户的共性需求。随着数字技术的进一步发展，财务共享模式兴起，企业财务工作的灵活性和可扩展性逐渐增强，工作流程也逐渐柔性化，能够有效解决用户的个性需求。与此同时，自动化技术趋于成熟，共享流程逐渐向自动化的方向发展,显著提升财务部门的工作效率。

2.职位虚拟化

财务工作的复杂性较高,不可能完全交由机械控制,但在互联网技术迅猛发展的影响下,企业的财务工作开始从传统的集中办公模式向虚拟办公模式转变。如今,财务人员可以在不同城市协同办公,也可以在交通工具上进行移动办公。这也是职位虚拟化的一种体现,在一定程度上对财务部门的管理方式产生影响。

3.边界模糊化

如今,许多企业选择将非核心财务工作整体或部分外包给第三方财务代理公司完成。这将模糊财务共享模式的组织边界,增加企业财务管理难度,企业将面临更高的财务数据泄露风险。

4.平台云端化

许多企业的财务系统与业务系统融合程度较高,贸然将财务工作交由他人负责反而会妨碍企业的发展。企业将自己的财务数据迁移到云端后,就可以借助云平台实现财务与业务的分离,平台云端化成为财务共享的一大发展趋势。

5.服务一体化

企业数字化程度的加深,使财务共享模式与其他共享模式的融合趋势越来越明显。预算分析、税收筹划、资金管理等高价值的工作逐渐成为财务工作的一部分,共同推动了多种共享模式一体化发展。

数字技术逐渐渗透到企业财务管理的各个环节,财务共享成为财务管理的一大核心趋势。为了保持竞争力,企业应加强对财务共享模式的研究,不断推动其创新发展,进而提升财务管理效率。

12.2.2　财务共享平台的重要性

构建财务共享平台对现代企业而言至关重要。它不仅能够确保财务决策得到高效、精准的支持,还极大地提高了财务核算的效率和准确性。通过这一平台,企业能够构建坚实的财务管理基础,为自身的持续发展提供有力保障。

财务共享平台借助数字技术实现了财务的自动核算,极大地提升了财务人员的工作效率,从深层次上颠覆了传统的财务模式。企业在打造财务共享平台的过程中需要注意以下两个要点:

1. 流程设计

流程设计是确保财务共享平台顺利运作的基石。线上系统的流程,实质上是对线下人工操作流程的复刻。在实际操作中,常因未能以人工操作流程中的每一个细微环节为基础来设计线上流程,而导致出现疏漏和错误。

例如,某企业的财务共享平台对不同的业务模块分批次地进行调试,在上线前夕才发现没有设置现金支付渠道。这充分暴露了前期调研和准备工作的不充分,导致财务共享平台没有覆盖全部业务流程。

为避免此类问题,企业应专门设立流程设计团队,负责新业务的流程规划、设计与测试。这个团队不仅要深入了解业务细节,还需与实际操作人员紧密合作,确保线上流程与线下操作的无缝对接。同时,企业还应建立持续优化机制,对财务共享平台进行迭代更新,以适应业务发展和变化的需求。

2. 平台衔接

与其他平台的衔接情况直接决定了财务共享平台的运作效率。财务共享平台会集成多套财务系统,为其他业务部门提供统一的处理平台,这些衔接点会对财务共享平台的运作效率产生直接影响。如果财务共享平台能将这些系统进行高效连接,就可以提升整个业务流程的运行效率,减少共享平台的整体工作量。

因此,在明确财务共享平台的整体业务流程后,企业就应该考虑平台的整体架构,确认各系统之间的连接方式与信息传递模式,提升共享平台的运行顺畅度。

12.2.3　案例分析:物流企业的财务共享系统

借助先进的数字技术,企业的财务共享系统能够构建一个数据资源云端,实现企业全部财务数据的整合和共享。同时,这一系统还能够提供财务数据分析、趋势预测等服务,为企业决策提供有力的财务数据支持。以物流企业为例,搭建财务共享系统需要做好三个方面的工作,如图 12-2 所示。

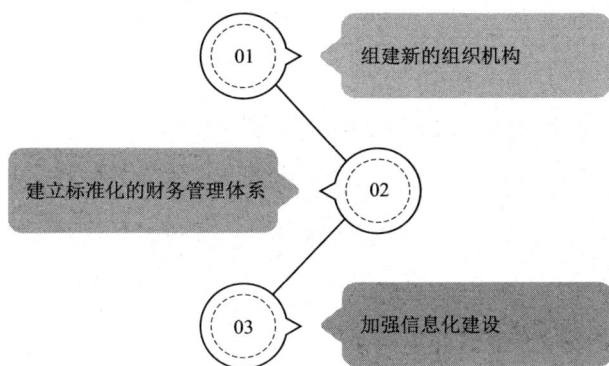

图 12-2　搭建财务共享系统的三个措施

1.组建新的组织机构

搭建财务共享系统需要企业对内部原有的组织架构进行变革或重组,物流企业可以组建稽查部门、资金核算部门、税务筹划部门等组织机构。这样各部门的相关业务能够得到汇总处理,形成总体的财务报告,从而为企业风险预测和战略规划调整提供依据。

2.建立标准化的财务管理体系

为了成功搭建财务共享系统,企业需要确立一套标准化的财务管理体系。这一体系涵盖以下三个方面:

(1)确立财务报表制作的统一标准。物流企业要为各分部制定统一且规范化的财务报表制作流程和体系,确保数据的一致性和准确性。

(2)设置统一的会计科目。物流企业应针对各部门的具体需求,设定相应的物流费用明细科目,从而便于企业进行科学、系统的财务数据统计和分析。

(3)建立统一的业务审批流程。在这一流程中,需设定规范化的程序,确保各个物流环节(如包装、仓储、装卸等)所产生的费用审批工作由相应部门负责。同时,每项业务的财务汇总需要及时向区域财务负责人报备,确保每项业务审批都有专人负责,实现审批流程的透明化和高效化。

3. 加强信息化建设

物流运作流程中的仓储、装卸、运输等各个环节都会产生费用,这些费用应当在共享系统中汇总、计算。为了满足这个需要,财务共享系统需要相关的技术支撑,如 ERP 系统、网络报销系统、网银系统等,以帮助企业更好地汇集财务信息,结算财务费用。

财务共享系统不仅助力企业实现内外部信息的无缝共享,还有效避免了数据的冗杂和失真问题。该系统打破了地理空间的限制,使得物流工作得以更加迅速、高效地进行,显著提升了企业的运营效率和竞争力。

12.3　智慧税务:建设数字化税务环境

税务管理是财务管理中不可或缺的一环,随着数字技术与税务工作的结合,智慧税务应运而生,提升了税务工作的便捷化程度与处理效率。在这一变革中,企业应当积极响应并主动推进无纸化税务、税务共享中心及数字化税金管理等领域的创新实践。

12.3.1　无纸化迈入快车道

我国财政部、档案局发布一系列政策,明确会计资料可以电子形式保存并形成电子会计档案,纸质票据不再是报销入账归档的唯一凭证。这一重大变革推动了税务无纸化的发展,使税务数字化进入快车道。

纸质票据在采集、整理、存档、查询等环节均存在管理难题。在票据采集的过程中,纸质票据的打印、查验费时费力,税务人员很难从中提取结构化数据,使得税务系统中的资金录入与实际业务活动出现割裂。

在整理票据的过程中,诸如发票、收据、报表等纸质材料均需人工打印、整理、装订、归档。这种重复性强的工作需要耗费很长的时间,还容易出现错误、消磨税务人员的工作热情。

纸质票据存档不仅需要占用大量的办公空间,还需要委派专门的档案管理人员进行管理。同时,纸质票据在环境、时间、保存方式等因素的影响下,容易出现不同程度的损毁,也容易在企业搬迁的过程中丢失。

在查询纸质票据时,税务人员也会遇到许多问题。由于纸质票据与实际的业务活动是分离的,因此税务人员需要翻阅多本档案或登录多个系统,这极大地增加了税务人员的工作量。同时,纸质档案无法实现多人同时查阅,税务人员无法精准掌握纸质档案的借阅状态,档案外借还存在安全隐患。

数字化时代,企业税务档案的数量大量增加,纸质票据的管理存在诸多难题,传统的管理方式亟待变革。税务档案电子化、入账流程无纸化,已经成为企业实现财税数字化转型的必然要求。

如今,税务人员可以通过拍照、扫码、PDF 上传等方式添加发票,税务系统将自动对发票进行识别,自动连接税务网站对发票进行校验。同时,税务系统还可以提取发票关键信息,如税号、单位等,在实现自动入账的同时,还可以加深企业业务活动与税务支出之间的联系。

无纸化的入账流程有效降低了企业进行税务管理的成本,提升了税务人员的工作效率,进一步保障了税务数据的安全,提升了税务数据的利用率,为企业实现税务数字化提供了强有力的支撑。

12.3.2 税务共享中心:纳税更安全、更规范

打造税务共享中心是企业实现税务数字化转型的重要手段。税务共享中心对内可以整合企业财税数据,对外可以及时感知税务政策变化,实现企业税务管理的数字化、智慧化。在打造税务共享中心时,企业需要进行三方面的部署,如图 12-3 所示。

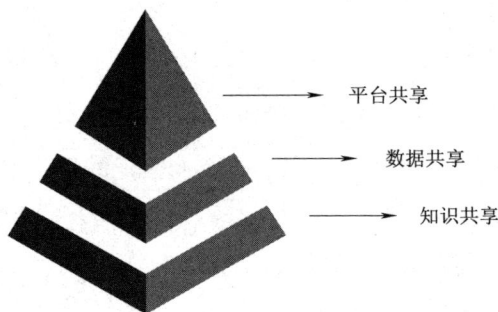

图 12-3 打造税务共享中心的三方面部署

1. 平台共享

(1)企业应以纳税主体为单元,通过按照地区或行业板块划分的虚拟组织连接企业总部,建立起系统的数据汇总和垂直管理体系。

(2)企业应依据税务管理制度,在税务平台设定标准化的税务核算规则和流程。

(3)企业应设置税务系统的数据权限和功能权限,在实现税务数据共享

的同时实现数据隔离。

2. 数据共享

企业应通过建立完整的数据仓库来实现数据的集中和共享。在横向上,企业应通过共享平台连接财务系统和业务系统来获取税务数据;在纵向上,企业应通过共享平台实现数据的逐级汇总,例如,数据汇总的流程是从纳税主体到区域中心,再到企业总部。

3. 知识共享

(1)企业可以根据自身的涉税事务,获取相关法律法规的解读和稽查案例,通过共享平台下发给各成员单位。

(2)企业可以将税务管理资料,包括税务管理规范、税务通知等,通过共享平台下发给税务部门相关人员,并由平台自动监督相关人员的学习进度。

(3)企业员工可以把自己的税务实操经验或心得分享至共享平台,也可以将自己在税务实操过程中遇到的问题发布至共享平台寻求帮助。

知识共享能够加速税务知识的传播,提升企业办税人员的知识水平。企业在搭建税务共享中心的组织架构时,需要基于自身税务信息化的核心需求,并依托强大的系统平台,实现各类税务数据、资源的共享和对接。

12.3.3　数字化税金管理:管理措施变革

随着大数据、人工智能等前沿数字技术的蓬勃发展,企业的税金管理正经历着一场深刻的变革。这场变革重塑了税金管理模式,给企业带来前所未有的机遇与挑战。具体而言,这场变革主要体现在以下几个方面:

1. 综合配置引擎

在进行税务核算时,企业应充分考虑纳税的主体、税目、税种、税率等问题。除了满足法定的申报条件外,还要满足各项业务的申报流程。因此,在进行税金管理时,企业可以将税务计算及申报流程模板化,从而形成综合配置引擎,更好地满足税种、税率、抵扣规则、申报格式等要求。

2. 管理要求细化

企业的税金管理需要实现对所有业务线的全覆盖,并对税种、税率、纳税主体、需求差异等问题进一步细化。其中,企业需要对税金的指标、规则、法规等问题重点关注,并进行基础配置工作。此外,企业还需要实现信息、流程等方面的共享,从而建立完善的税务管理平台。

3. 统计分析数字化

企业税金管理的内容包括税基管理、税金计算、税金支付等。在此基础上,企业还需要根据发展目标建立不同的分析模型,对税务情况进行智能化分析,并生成相应的分析报告。

税务统计报表可以帮助企业多维度、全方位地对税务信息进行追踪,形成区域层面和集团层面的税务统计报告。通过逐级深入的数据钻取,企业可以追溯至最基础的数据源,确保税务管理的透明与精确。

在数字化浪潮下,税金管理模式的转型升级不仅显著增强了企业在市场中的影响力,更推动了企业营业收入、盈利能力的提升以及市场估值的增长,优化了企业的税务管理流程,推动企业数字化转型进程。